JN029953

「ジョジョの奇妙な冒険」で英語をたっぷり学ぶッ！

SHUEISHA

CONTENTS

PART1

「ジョジョリオン」

第1章
名シーンで英語を学ぶッ!
05

第2章
キメゼリフで英語を学ぶッ!
29

第3章
敵の名ゼリフで英語を学ぶッ!
49

BONUS
ジョジョの奇妙な
発音強化トレーニング
110
英語で言うぞッ!!
[タイトル&サブタイトル編]
112
英語で言うぞッ!!
[スタンド編]
114

PART2

第1部～第7部 SPECIAL Fist & Faith
65

EXTRA!

第9部「The JOJOLands」
117

あとがき
126

ブック・本文デザイン
堀井菜々子
工藤亜希
(GENIALÒIDE,inc.)

協力
木村亮太郎
竹内友宏
渡辺恭
朝野豊
内木場絵理
角田京
坂元宏年
正井勇
連惇

編集協力
戸澤好彦
清水裕一
(樹想社)

編集
呉瑛雅

校閲協力
株式会社鷗来堂

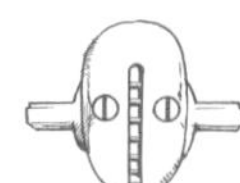

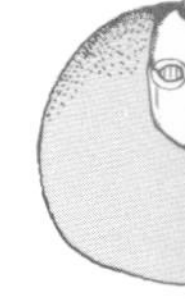

※英訳について
本書の英訳はあくまでも一例です。
掲載されているセリフの英訳は本書オリジナルとなります。
『ジョジョの奇妙な冒険』第1部〜第6部までのタイトル、人名、スタンド名の英語表記についてはVIZ版に倣っていますが、
第7部以降は本書オリジナルとなります。
（VIZ Mediaは英語圏などにおける日本の漫画の翻訳出版などを行う会社で、
『ジョジョの奇妙な冒険』はJoJo's Bizarre Adventureのタイトルで出版されています）
※本文は「ジャンプ・コミックス」版を原本としておりますが、一部表記を変えております。
※セリフ該当部は
『ジョジョの奇妙な冒険』は「JC」、
『ジョジョの奇妙な冒険 PART6 ストーン オーシャン』は「SO」、
『ジョジョの奇妙な冒険 PART7 STEEL BALL RUN』は「SBR」、
『ジョジョの奇妙な冒険 PART8 ジョジョリオン』は「JOJOLION」、
『ジョジョの奇妙な冒険 PART9 The JOJOLands』は「The JOJOLands」と表記しました。

PART 1
「ジョジョリオン」
第1章
名シーンで
英語を学ぶッ!
英語の知識には自信がない…
これからもずっと…。
だけれども、確かな勉強法を見つけた。
ここから紹介する
『ジョジョリオン』名シーンの英訳だ。
どんな場所へ行こうと、どんな時代に生きようと
信じることのできる確かな英語力を
身に着けることができるはずだ…。

Prologue ★★★★

これは「呪い」を解く物語——

その始まり——
「呪い」とはある人に言わせると
自分の知らない遠い先祖の犯した
罪から続く「穢れ」と説明する
あるいは————
坂上田村麻呂が行った蝦夷征伐から
続いている「恨み」と説明する者もいる

また　違う解釈だと
人類が誕生し物事の「白」と「黒」を
はっきり区別した時に
その間に生まれる「摩擦」と説明する者もいる

だが　とにかくいずれのことだが
「呪い」は解かなくてはならない
さもなくば「呪い」に負けてしまうか…

この土に埋まっていた謎の男の子——
いったい何者なの？　どこから来たの？
病気ではないみたいだけど………
その歯形にしか見えない傷はどうしたの？

そして…あの…
それはあたしの目の錯覚だったのかもしれない
もしくは　あたしの気持ちの迷いか
興奮した過剰な自意識？
そもそも告白するけどあたし全然詳しくないもの…
なんて言えばいいのかしら………
でも　あたしはそれを見てしまった
救急車が来た後でお医者様に確認してもらおうか…
どおしよう本当…なんて言おう……

（JOJOLION1巻「ようこそ 杜王町へ」）

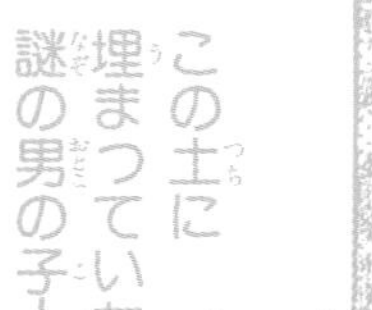

This is a story about breaking a *curse.*

Its beginning…
One person explains that a *curse* is an *impurity*
which originates from a sin of a distant ancestor
whom you know nothing about,
while another explains that it is an ancestral *grudge*
that derives from the subjugation of the Emishi
led by General Sakanoue no Tamuramaro.

And then, there's another interpretation,
explaining it as a *friction* that emerged when the human race
appeared and made a clear distinction
between the *black* and *white* of things.

But whatever it is, a *curse* is something
that must be broken.
Otherwise, you'd end up losing against the *curse*…

This mysterious boy buried in the ground…
Who is he? Where'd he come from?
He doesn't look like he's sick, but what is that wound
which apparently is a bite mark?

And…umm…*those* things…I saw
…may have just been an illusion.
Or is it because of the confusion in my mind
or my extreme self-consciousness of excitement?
Believe me, I really don't know much about men…
I don't know how I should explain,
but…I *saw…those…*
Should I have the doctor check them when the ambulance arrives?
But…how am I supposed to explain that…?

SCENE 1

日本語

康穂：星の形はアザ…
そのまわり……………
『歯形』？
ねぇ…？　もしかしてその傷…
何かに噛まれたの？
…………動物なの？
『歯形』に見えるわ…でもなんていうか……
なんか人間ぽい歯形…
ねぇ!?　何かしゃべってよッ!
あなた大丈夫なの…？

??：ヒロセ
……ヤスホ……
というのか？…
名前……
じゃあ　オレは誰なんだ？
オレはこんな所で何をしている？

（JOJOLION1巻「ようこそ 杜王町へ」）

文法解説

音読は超重要だぞ！ どういう練習をするのかはな！

音読練習の効果は英字新聞の記事などを使って行っても、「ジョジョ」の英訳セリフで行っても変わらない。とはいえ、ただセリフを音読するだけではつまらないし、続かない。そこでぜひトライしてほしいのが時短挑戦だ。ストップウォッチを使い、読み終えるまでの時間を計測。イントネーションなどは気にせず、とにかくスピード重視で読み上げよう。たとえばここでの康穂と??の会話文、初回トライで仮に 17 秒かかったとして、何度かチャレンジした結果、たとえば 12 秒まで短縮できたとしたらそれは「5秒分の上達」の証だ。極めれば DIO のザ・ワールド最長発動時間内で言えるかも？

「壁の目」から現れた謎の青年

英語

Yasuho : The star-shaped mark is a birthmark...
What's *around it* is
a "bite mark"?
Hey...That wound you got there...
Were you bitten by something?
By an animal...?
It looks like a "bite mark"...
But it looks something like a bite mark of a human.
Hey?! Say something!
Are you all right?

?? : Hirose
...Yasuho...
Is that...what your name is?
Then, who am I?
What am I doing here?

単語・熟語

star-shaped：
星の形をした（形容詞）

birthmark：
（生まれつきの）あざ

bite：
噛む（bittenは過去分詞）

Be動詞は超重要だぞ！① どういう変化をするのかはな！

この会話文で９回も登場するBe動詞、決して「初級英単語」とあなどるなかれ。
まずは主語や時制などによる形の変化をおさらいしよう。

主語	現在形	短縮形	過去形	その他
I（私）	**am**	I**'m**	**was**	**be**（原形。助動詞とのセット、命令など） **been**（過去分詞。経験などの現在完了形などで） **being**（動名詞、現在分詞など）
You（あなた）	**are**	You**'re**	**were**	
He（彼）/ She（彼女）/ 人名など	**is**	He**'s** / She**'s**	**was**	
This（これ）/ It（それ）など	**is**	It**'s**（×This's）	**was**	
We（私たち）/ They（彼ら）など	**are**	We**'re** / They**'re**	**were**	

SCENE 2 吉良吉影

日本語

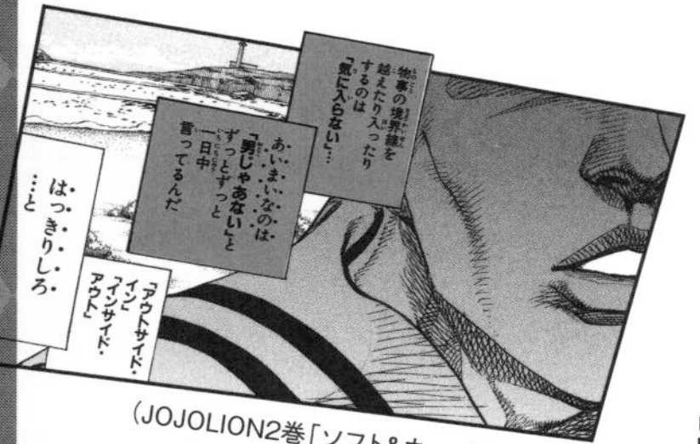

(JOJOLION2巻「ソフト&ウェット その⑤」)

桜二郎(おうじろう):そしたら——

吉影:おまえ個人に訊いてるんだ
漁師は「海の男」だ
あそこの歯医者は「陸の男」だ
じゃあおまえはどっちなんだ?

桜二郎:「海の男」のフリをしているが…
おまえの生活の拠点は「陸」じゃあないか…
と言うんだ…
「陸」でバイトしていると
物事の境界線を越えたり入ったりするのは
「気に入らない」…
あいまいなのは「男じゃあない」とずっとずっと
一日中言ってるんだ
「アウトサイド・イン」
「インサイド・アウト」
はっきりしろ…と

定助(じょうすけ):おい!? なんの話だ?
おまえどういう方向を話してるんだ?

桜二郎:いいから続きを聞いてくれよォ
あいつの真実を言っているんだよォ〜〜〜〜
吉良吉影がオレに言った事実を…

文法解説

感情を強調するスラング the hell

What the hell are you talking about?!

ここでの the hell に「地獄」の意味はなく、直前に置く疑問詞との組み合わせで「何てこった」「くそ!」など驚き・怒り・戸惑いなどの感情を強調するスラング。ネイティブが早口で言うとき、What を省略して言っているように聞こえることがよくある。また、次ページの例文のとおり(do)の発音も省略されることが多い。

英語

Ojiro : But then...

Yoshikage : I'm asking you personally.
A fisherman is a *Man of the Sea* and that dentist right there is a *Man of the Land*.
Now, *which one* are you?

Ojiro : He says I'm *acting* like a *Man of the Sea*, while living my life on the *land*, and that I'm working part-time on the *land*.
He says he *doesn't like* seeing people crossing over the boundaries.
He kept telling me over and over throughout the day that those *ambiguous aren't men*.
Outside-in.
Inside-out.
He says I should *clarify* my position.

Josuke: : Hey! What the hell are you talking about?!
Where is this story going, man?

Ojiro : Wait, I'm not finished yet.
I'm talking about *his* truth, about the facts that Yoshikage Kira told me...

単語・熟語

ambiguous：
曖昧な・不明瞭な

clarify：
明らかにする・はっきりさせる

What the hell ~：
驚きや怒りなどの感情を強調するスラング（詳細解説参照）

【疑問詞 + the hell~】のセリフ例

好きなキャラになりきり、
セリフの最後にイメージする相手の名前を加えてシャウティング!

What *the hell* (do) you think you're doing?!（何やってんだ、コラァ*!*）
Who *the hell* (do) you think you're talking to?!（誰にモノ言ってんだ、こら*!*）
Where *the hell* have you been?（一体全体どこに行って〔居〕たんだ？）
Why *the hell* should I know?（オレの知ったことか*!*）

SCENE 3 康穂

日本語

(JOJOLION8巻「『アイ・アム・ア・ロック』その①」)

定助：オレはこいつの性格がなぜかわかる
そうゆうヤツだ
関係ない…
康穂ちゃんを襲う!

オレに自分の「力」を見せつけて…
計画のために冷徹に
利用できるものはなんでも利用して…
確実にオレから全てを奪うんだ

いいか…
宣言するぞ
八木山夜露(やぎやまよつゆ)……

オレはこれから必ずおまえをやっつける…
康穂ちゃんを巻き込んだことを
心の底から後悔させてやるッ!
おまえとオレが過去でどんな
関係であろうとだッ!
絶対に倒すッ!!

文法解説

話し言葉における短縮発音&表記①

ここでは9ページのBe動詞変化表にも記載した短縮形の **I'm** が3回、**He's** が2回出てくるが、このようにアポストロフィ(')でつなぐタイプの短縮形は他にも **I'll** (I will), **I've** (I have), **wasn't** (was not), **don't / doesn't / didn't** (do / does / did not), **won't** (will not), **shouldn't** (should not) など多くある。

英語

Josuke: : For some reason, I can understand his character.
He's the kind of guy who would attack anyone.
He's gonna attack Yasuho*!*

He would show off his *power* to me... and ruthlessly try to take advantage of everything he can use for the sake of his own plan…
And he would make sure he takes everything away from me.

Now, listen, Yotsuyu Yagiyama…

I hereby declare...that I'm gonna beat the hell out of you...I'm gonna make you regret getting Yasuho involved in this, from the bottom of your heart*!*
Whatever relationship we've had in the past, I'm gonna take you down*!!*

単語・熟語

show off：
見せつける・見せびらかす

ruthlessly：
情け容赦なく・冷酷に

take advantage of ~：
～を（たくみに）利用する

for the sake of ~：
～の（利益の）ために

話し言葉における短縮発音&表記②

やはり４回使われている **gonna** (going to) のようにアポストロフィ表記をしないタイプの短縮形もあり、他によく使われるものとして **gotta** (got to), **wanna** (want to), **outta** (out of), **hafta** (have to), **dunno** (don't know) などがある。
これらは実際の発音を「あえて文字で表すなら」ということで生まれた表記で、常用語としてSNS などでは広く使われているものの、アポストロフィ付きのものも含め、書き言葉ではこのような短縮表記は原則 NG となるので注意しよう。

SCENE 4 岩人間

日本語

つるぎ：こいつは……この社会の……
都会だろうと森だろうとどこにだって……
まぎれ込んで生きられるヤツなんだ

だけど豊かさのために欲しいものは「欲しい」…
それを狙っている
「食べ物」とか………
「権力」とか………
「名誉」とか………
………「愛」とか……

（JOJOLION8巻「『アイ・アム・ア・ロック』その②」）

文法解説

関係代名詞 who

He is a guy who ~

関係代名詞の一つ、who は「～という（人）」を表す。ここでは「まぎれ込んで生きられる（ヤツ）」を表現するために使われており、先行詞と呼ばれる、who の前の「人」に当たる名詞はもちろん a guy（ヤツ）以外に a person（人）、a man / woman（男・女）、また an idiot（ばか者）、a student（生徒）などいろいろある。

a boy *who* has been raised as a girl
女の子として育てられた男の子

ここでわざわざ a（不定冠詞）を入れたのには理由がある。代わりに the（定冠詞）を使ってニュアンスを変えることもできるからだ。

He is **a** JoJo fan who has all the volumes of the series.
彼はシリーズ全巻を持っているジョジョファンだ。
He is **the** guy who insists he has the real Stone Mask.
彼**（こそ）が**本物の石仮面を持ってると言い張ってるヤツだよ。

英語

Tsurugi：He's a guy who can survive by blending himself into anywhere in this world, be it a city, a forest or wherever...

But in order to live a rich life,
he will *pursue* what he wants...
like *food*...
power...
fame...
and even *love*...

単語・熟語

survive：
生き残る・存続する

blend：
混ぜ合わせる・溶け込ませる

pursue：
追う（同義語 chase）・追求する

関係代名詞 who を使った例文

He is *a businessman who* owns a popular fruit parlor in Morioh.
彼は杜王町で人気のフルーツパーラーを経営するビジネスマンだ。

He is *a person who* thinks every day is a summer vacation.
彼は毎日が夏休みだと思っている人だ。

He is *the guy who* designed the Higashikata family's mansion.
彼が東方邸のデザインをしたヤツだ。

He is *a guy who* seduced Hato to get close to the Higashikata family.
彼は東方家に近づくために鳩ちゃんを誘惑したヤツだ。

He is *a funny guy who* believes being a surfer is his job.
彼は自分の仕事がサーファーだと信じている面白いヤツだ。

He is *a doctor who* never fails.
彼は絶対に失敗しない医師だ。

Part 8 JOJOLION

SCENE 5 運不運

日本語

常敏(じょうびん)：この世には「運」と「不運」が在(あ)る
……と
…そう言われている
もしあの時一秒早ければ…
『事故に遭った』だとか
『遭わなかった』だとか…
あるいは
あの場所に行ったから大切な人と
『出逢えた』だとか
『出逢えなかった』だとか…
結果
『良かった』だとか
『悪かった』だとか
原因は『善』だとか
『悪』だとか
そういうのが在る…と言われている

だがそれは錯覚だ
人間が集まって生活する事によって出来上がった
社会の「勘違い」だ
全ての余計なものがとりはらわれて
人間単体の一対一になった時！…
…オレたちの周り！
そこに存在するのは
只…「強さ」と「弱さ」だけだ
運とか不運…善とか悪　合法違法はどうでもいい
強くて「生き残るもの」と弱くて「滅びるもの」
この2つ

それだけだ…「つるぎ」はその事を理解している

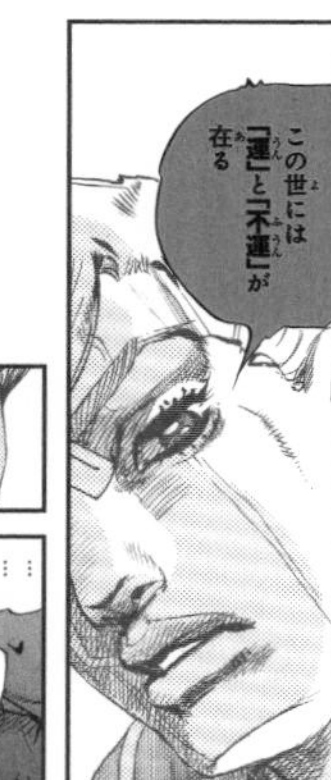

（JOJOLION21巻「ザ・ワンダー・オブ・ユー（君の奇跡の愛）その②」）

英語

Jobin: There is *good luck* and *bad luck* in this world.
...That's what people say...
They say there are cases where either you could have "been in an accident" or could have "avoided it" if you had reached a place one second earlier, or where either you were "able to meet" or "not able to meet" someone important because you went to that place.
They conclude either it was "good" or it was "bad", citing either "good" or "evil" as a reason.
People talk about contrasts like these...

But that's an illusion.
It's a *misperception* created among the society as people started to live together.
When all the unnecessary factors are removed from a one-to-one human relationship, *strength* and *weakness* are all that remain around us*!*
Good luck and bad luck, good and evil, legal and illegal…they all mean nothing.
The strong will *survive* and the weak will *die*...
Just these two facts.

It's as simple as that, and Tsurugi well understands that.

単語・熟語

avoid：
避ける・防ぐ

conclude：
結論づける

contrast：
対比

one-to-one：
一対一の
（同義語 one-on-one）

SCENE 6

日本語

定助：オレの名前は……
「東方定助」……
生まれた時からの思い出は……
この世のどこにも無い…
これからも ずっと…
だけども…
確かな事を見つけた
オレはあなたの子供だ
どんな場所へ行こうと どんな時代に生きようと
信じる事の出来る確かな事
…母さん…

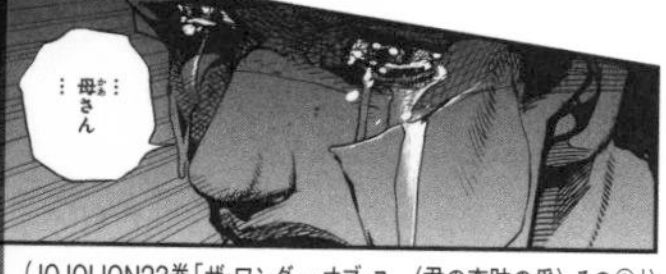

(JOJOLION23巻「ザ・ワンダー・オブ・ユー(君の奇跡の愛) その⑨」)

文法解説

Be 動詞は超重要だぞ! ②

Be 動詞の使用頻度の高さ(ここでは8つ)はその使い方の種類の多さに比例する。

【人物紹介】
I **am** a rock.(オレは岩だ)
Tsurugi **is** a boy.(つるぎは男の子だ)
Toru **was** Yasuho's boyfriend.(透龍は康穂の彼氏だった)

【物事の事実伝達】
S&W **is** the name of Josuke's Stand.(S&W は定助のスタンドの名前だ)
This **is** the LOCACACA.(これが「ロカカカ」だ)
Every day **is** a summer vacation.(毎日が夏休みだ)

【(人や物事の)状態・状況・様子・気分など】
Joshu **is** crazy for Yasuho.(常秀は康穂に首ったけだ)
Their melon parfait **is** so good.(あそこのメロンパフェは本当においしい)
Jobin **was** in a bad mood at the baseball stadium.(常敏は野球場で機嫌が悪かった)

東方定助にとっての確かなこと

英語

Josuke : My name is *Josuke Higashikata*...
My memories since I was born don't exist in this world and are lost forever...
But I've found one thing that's for sure: I am your son.
No matter where I am, or no matter what era I'm in, this is an unquestionable fact.
Mother...

単語・熟語

exist :
存在する

(be) lost forever :
永遠に失われる

unquestionable :
疑う余地のない・確かな

【所在】
The real LOCACACA **is** in Jobin's room.（本物のロカカカは常敏の部屋にある）
Yasuho and Tsurugi **are** inside Jobin's Gallardo.（康穂とつるぎは常敏のガヤルドの中にいる）
The head doctor **is**... here...（「院長」が…来た…）

【進行形】
No way, I **am** not cry<u>ing</u>...（まさか、泣いてないよ…—否定表現例）
Yasuho's mother **is** always play<u>ing</u> video games.（康穂の母はいつもテレビゲームをしている）
Mom, **are** you drink<u>ing</u> again?（ママ、また飲んでいるの？—疑問文例）

【未来形】
I **am** <u>going to</u> take you down!（オレはおまえを必ずやっつける！）
We **are** <u>going to</u> meet up at the Gomamitsu Café.（私たちはこれからごま蜜（みつ）カフェで落ち合う）
Aren't we <u>going to</u> take a family photo?（家族写真を撮るんじゃないの？—否定疑問文例）

【受け身】
Aisho **was** cheated by his girlfriend.（愛唱（あいしょう）は恋人に騙された）
The girl's compact **was** broken by Joshu.（女の子のコンパクトは常秀に壊された）
The LOCACACA **was** stolen.（「ロカカカ」は盗まれた）

SCENE 7

（JOJOLION24巻「ザ・ワンダー・オブ・ユー（君の奇跡の愛） その⑫」）

日本語

憲助（のりすけ）：「呪い」……
常敏

わたしとおまえとは
以前から…
ずっと意見が違っていた
フルーツパーラーの経営の件も
つるぎの病の件も考え方が違っていた

わたしは考え方が古く
新しい時代の価値や利益や技術を認めず
間違っているのかもしれない
でも「呪い」が解けるというのなら…
おまえが「正しい」のかもしれない

それならわたしは長男であるおまえに従おう

文法解説

助動詞 may

I may have ~ / I may be wrong / you may be right

may は続く動詞（原形）とセットで「～かもしれない・～の可能性がある」を意味する助動詞。特に may be はよく使われ、パターンとしては形容詞（句）との組み合わせの I may be late.（遅れるかもしれない）や We may be in trouble.（やばいことになったかも）、副詞（句）との組み合わせの She may be there.（彼女はあそこにいるかも）や He may be at the fruit parlor.（彼はフルーツパーラーにいるかも）、また名詞と組み合わせた He may be an enemy.（彼は敵かもしれない）など。

「呪い」を解くのは伝統か革新か

英語

Norisuke: The *curse*, huh?
Listen to me, Jobin...

For a long time, you and I have always had different opinions.
We had different ideas on how to manage the fruit parlor as well as how to deal with Tsurugi's illness.

I may have an old-fashioned way of thinking, too rigid to accept the values, benefits and techniques of the new era, and I may be wrong.
But if you're saying you can break the *curse*, you may be *right*.

If that's the case, I will follow the opinion of my eldest son.

単語・熟語

deal with ~：
～に対応する・取り組む

rigid：
融通のきかない・厳格な・（物が）硬い

accept：
受け入れる

may be と maybe

You may be right ≒ Maybe, you are right

左ページで説明したmay be が動詞句であるのに対し、maybe は「もしかすると・たぶん」を意味する副詞だ。may be と maybe は推量の度合いが若干異なるものの意味としてはほぼ同じだが、品詞が違うため同じ位置に置き換えることはできない（名詞＋副詞＋形容詞の I maybe late. は文法的にNG）。
maybe はセリフの冒頭に置かれることが多いが（Maybe, ~）、会話では単独で相手の言ったことに対する同意の「かもね」、あるいは Yes か No かはっきりしないグレーな返事「んー、どーなんだろーねー」のようにも使う。

Part 8 JOJOLION

SCENE 8

日本語

（JOJOLION24巻「ザ・ワンダー・オブ・ユー（君の奇跡の愛）その⑮」）

礼（らい）：…来るぞ…
この世の中の
……
天と地の下のあらゆる事柄が……
………
そのあらゆる物質の繋がりが…!!
おまえの味方には決してならないぞッ!!
それがこの敵のスタンドだ
おまえがその椅子から「動けば」!
………
『禍い（わざわ）』という力で……
おまえを総攻撃して来るッ!!

定助：オレにはこの『しゃぼん玉』がある
この天と地の下に存在している『S & W（ソフト アンド ウェット）』!
……柔らかくて
濡れていて
回転している……
そして味方というなら…
豆銑（まめずく）さん…
あなたはここへ来る事が出来た…
あなたが居る
場所は違うが…
オレの味方なら どこかに康穂ちゃんも居る
倒せる『方法』がある

文法解説

and の省略表記①

and はアンパサンド（ampersand）と呼ばれる記号（&）で表すことができ、S&W のような頭文字の組み合わせの場合は前後にスペースは入らないが、見てのとおり Soft & Wet のように単語の組み合わせの場合はスペースを入れる、というルールがある。

「禍い」と闘う定助の「味方」

英語

Rai : It's coming...
...
All things beneath heaven and earth are heading towards you, and they are all linked!!
They'll never be your allies!!
That's what our enemy's Stand is.
If you try to *move* from that chair...you'll get a full-scale attack by a power known as "disaster"!!

Josuke : I've got this "bubble" that exists beneath heaven and earth – "S&W (Soft & Wet)."
It's soft, wet and spinning around...
And as for allies...
Mamezuku, you made it here...
I have you.
And although she's somewhere else,
Yasuho is with me, too.
There actually is a "way" to defeat him.

単語・熟語

beneath：
〜の下に

full-scale：
全面的な・実物大の

ally（複数形 allies）：
味方・同盟国（発音は「アラァイ」）
また同盟を結ぶ（動詞）など

and の省略表記②

and のもう一つの省略表記が 'n' や 'n などで、例として Rock 'n' Roll（ロックンロール）、fish 'n' chips（フィッシュ・アンド・チップス）などがある。口語では、言いづらい音は消したり変化させることがしばしばあるが、この場合は消された a と d の音をそのまま表記した形だ。よって fish 'n' chips は実際には「フィッシェンチップス」に近い発音になる。S&W もネイティブが発音すると soft 'n' Wet の発音に近いはず。

Part 8 JOJOLION

SCENE 9

日本語

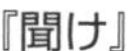

礼：『定助』…
『聞け』
院長が…今…
この部屋から…
出て行こうとしているというのなら
それには理由がある
おまえの事を危険と感じとり…
その事を理解したから院長はこの部屋から
消えようとしている
おまえの『見えないヤツ』の為だ！
在るのは『回転だけ』だ
おまえ自身も気づいていない…
その中の「しゃぼん玉」
それを使ってあいつを倒せ

定助：………
コントロール
コントロールなんて出来ない！
『たとえ見えないヤツが在るとしても』…！
更に院長を一瞬でも追撃すれば…
康穂ちゃんにも東方家の皆にも
もっと厄災の影響が出るッッ！

礼：『線が回転しているんだ』
『それは　この世に存在しないから越えて行く』
『必ずあいつの能力を 越えて行ける』

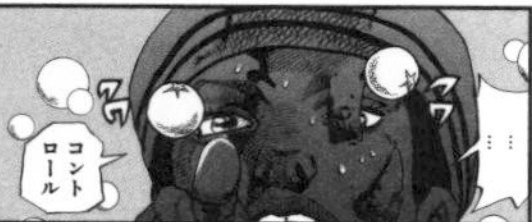

文法解説

It is ~ .「~だ・である」

***It's** because ~ / **It's** just ~ / **it's** something ~*

「~だ・である」を意味する It + be は Be 動詞の基本用法の一つで、It is (It's) と過去形の It was はよく使う。It's summer vacation!（夏休みだ！）のように日本語では「主語がない」セリフの場合に使うことが多い（天気、気温、日時など）。

（JOJOLION26巻「ザ・ワンダー・オブ・ユー（君の奇跡の愛）その㉑」）

ゴー・ビヨンド「厄災」を超えるもの

英語

Rai: "Josuke"...
"Listen up."
If the head doctor is trying to leave this room now, there is a reason for it.
He's trying to disappear from this room because he sensed and confirmed you are dangerous.
It's because of your "invisible *one*"!
It's "just the spin" that exists, and it's something you yourself don't even realize.
Use one of those *bubbles* and take him out.

Josuke: Control…
There's no way I can control it "even if *there's* an invisible one"!
If I pursue the head doctor even for an instant, there'll be more influence of the calamity on Yasuho and everyone in the Higashikata family!

Rai: "The lines are spinning."
"They can go beyond reason because they don't exist in this world."
"For sure, they can go beyond his ability."

単語・熟語

head doctor：
ここでは「院長」だが
スラングだと精神科医

calamity：
厄災・禍い。
同義語 disaster/catastrophe

go beyond ～：
～を超える

There is ~.「～がある・いる」

There's no way ~ / ~ if there's an invisible one / there'll be more ~

Be 動詞でもう一つ重要な基本が「～がある・いる」を意味する There + be で、There is (There's) と過去形の There was は特に使用頻度が高いが、ここに出てくる there'll (there will) be のように助動詞（ここでは will）との組み合わせもあり、**there are** many more usages（他にもたくさんの用途「がある」）。

日本語

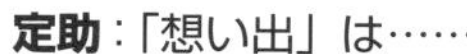

定助：「想い出」は……
オレの一番最初の「想い出」は…
「壁の目」の土の下で
目を醒ました時が「始まり」なんだよ
それより前の記憶は
どんな事をしても何も戻らない
出会った人も行った場所も
決して何も無い
オレは空条仗世文(くうじょうじょせふみ)でもなく
吉良吉影でもなく…
土の中からの『定助』なんだ
康穂：定助……
定助：帰ろう
康穂：定助……あたし……
余計な事しちゃったかもしれないけれど……
つまりその「想い出」っていうのは…
「想い出」のもっと以前に「夢」というものが
在るのかもね
最後の最後に残るものが「想い出」で
「夢」だけというのなら…
土の中から生まれる「夢」が在るのかもね

（JOJOLION27巻「東方フルーツパーラー」）

文法解説

very の用法

My very first ~ / the very end

very には He is very tall.（彼は「とても」背が高い）のような使い方以外に「まさに（最初の）」「最後の（最後）」など強調のニュアンスを入れたいときにもよく使われる。

This is **my very** last Hamon! Take it!
おれの最期の波紋だぜ―――うけとってくれ――ッ
（「『ジョジョの奇妙な冒険』で英語を学ぶッ！」より）

土の中から生まれた「夢」

英語

Josuke：My *memories*...My very first *memory* was when I became conscious and opened my eyes under the ground of the *Wall Eyes* and that's where it all *started*.
My previous memories will never return no matter what I do.
The people I met or the places I went to... exist nowhere.
I'm *neither* Josephmi Kujo *nor* Yoshikage Kira...
I'm "Josuke" born from underneath the ground.

Yasuho：Josuke...

Josuke：Let's go home.

Yasuho：Josuke...I may have gone a bit too far...but those *memories*...Perhaps there is what we call *dreams* even before *memories*.
If *memories* are what remain at the very end, and if you say *dreams* are the only things that exist, there may be *dreams* that are born out of the soil.

単語・熟語

become conscious：
意識を回復する・正気に戻る

previous：
前の・以前の

underneath：
〜の下に
（同義語 beneath/under）

But at **the very** end, I was able to think about it.
でも……最後の最後に………それを考える事ができた
（『ジョジョの奇妙な冒険』で英語を学ぶッ！」より）

My plan is not gonna change...from **the very** beginning...I hope.
ぜんぜん予定どおりな事には変わりがねえ…………最初っからな たぶんだけど…
（『ジョジョの奇妙な冒険』で英語をもっと学ぶッ!!」より）

誰のセリフか分かったかな？

EXTRA SCENE ポテトLサイズの歌

日本語

定助：ポテトＬサイズが好き ♪
ポテトＬサイズが好き
ポテトＬサイズが好き

でもフライドチキンはない ♬

♬

フライドチキンはない ♪
フライドチキンはない
カリカリの
それだけでいい

ポテトＬサイズが好き

英語

Josuke：I love large-size French fries
I love large-size French fries
I love large-size French fries

But they're out of fried chicken

They're out of fried chicken
They're out of fried chicken
Those crispy ones are all I need

I love large-size French fries

（JOJOLION11巻「ラブラブデラックス その①」）

文法解説

「フライドポテトは和製英語」じゃないッ!?

英会話学習では定番ネタの「フライドポテトは和製英語」。つまり「米語ではFrench fries（または単にfries）、英語ではchipsという」というやつだ。
ちなみにFrenchと冠しているものの「フランスとは関係ない」と主張するのは、一般的に本家とみなされているベルギーだ。ベルギーではフランス語も公用語の一つであるため、第一次世界大戦中、ベルギーに駐留しフライドポテト・エクスペリエンスをした米兵たちの「勘違い」による名づけともいわれている。ベルギーのフランス語圏でpatates fritesと呼ばれるフライドポテトは英語に直訳するとfried potatoes（語順は逆）なのだ。
たしかに英語圏ではフライドポテトのことをfried potatoesとは言わないが、「油で揚げたイモ」を意味するこの言葉は英語として何らおかしくはない。

第2章
キメゼリフで
英語を学ぶッ!
大丈夫よ…大丈夫。
全ては良い方向に
向かわなくてはいけない…。
私たちの「魂」の「言葉」を
もとに覚えた英語なら、
きっとあなたを正しい知識へ
導いてくれるはず。

Josuke

東方定助

ひがし かた じょう すけ

gooooood(＝good)

What the hell is this?!
This is so gooooood!

**なんだこれッ!?
ンマイなぁぁあぁぁ―――――ッ**

(JOJOLION1巻「ソフト&ウェット その①」)

The winner is me.
Let me repeat that again...a lot.
The winner is ...me! A lot!

**勝ったのはオレです
あ…もう一度 たっぷり言わせていただきます
勝ったのは…… オレです! たっぷり!**

I knew I wouldn't lose from the very beginning...
Well, I won anyway.

**最初から負ける気はしていない……
勝っちゃいましたけれど…**

(JOJOLION5巻「カツアゲロード」その④」)

(JOJOLION9巻「毎日が夏休み その④」)

I'm not gonna let LOCACACA fall into the hands of the enemy or let them burn it!

**絶対にロカカカは敵に渡せないし
焼かせたりもしないッ!**

(JOJOLION18巻「オゾン・ベイビーの加圧 その②」)

Norisuke

東方憲助

Here in this house, I require everyone to follow my *instructions*. Is that understood? Answer me.

この家でわたしの「言いつけ」は絶対だ　いいな
返事は?

(JOJOLION2巻「定助 東方家へ行く」)

expiry(満期・期限切れ)の発音はエクスパイリーではなくエクスパイアリー。

Milk is fine with just one day past the expiry date.

牛乳は一日くらい過ぎても大丈夫なんだよ!

(JOJOLION4巻
「『カツアゲロード』その①」)

原則としてfruit(果物)は不可算名詞。

There are a lot of presents in this world that you can choose to give to friends in good health or on happy occasions. But when someone dies or when someone falls sick, you can only give them flowers and fruit. Fruit is something special.

元気な友人やお祝いのときのプレゼントはこの世に沢山あるが…
不幸があったときや　病人のためのときにも贈れるものは
花とフルーツだけだ　果実とは特別だ

(JOJOLION8巻「定助!
東方フルーツパーラーへ行く」)

Kaato

東方花都

Don't you take me lightly, kid!
If you do, I'm gonna beat the shit out of you!!
But I've always loved you!!
I've always loved you all! Always!
Not even for a single day have I forgotten about you guys and I never will!

このあたしを甘くみるなよッ!
ナメたら只じゃあおかないッ!!
でもあんたの事はずっと愛してたッ!!
ずっと!ずっと!　みんなを愛してたッ!
忘れた事は一日だって無いッ!
これからだってッ!

(JOJOLION14巻「東方家の夜明け」)

I won't have a life of a woman that depends on the men you meet.
I'll choose mine by myself.
But I can live for your sake.

男次第で決まる女の人生なんて あたしはまっぴらごめんよ
自分で決めるわ
でも あたしはね……あなたの為なら生きれるわ

(JOJOLION16巻「母と子」)

Hato

東方鳩

US（United States of America）

> Because no one told me Hawaii is part of the US.

だってェ
ハワイがアメリカっていうの
誰も言ってくんなかったんだもんンン〰〰っ

（JOJOLION4巻「『カツアゲロード』 その①」）

Luv yaは (I) love youのこと。

> And this necklace he'd fixed had a different design when I looked at it carefully! It had the words, *Luv ya*, on the pendant! Oh my gosh!

その直したッ
ネックレス！
デザイン違ってるのオッ
よぉ――く見たらねッ！
ダイスキって文字が入ってるのオオッ〰〰〰！！

（JOJOLION12巻「鳩ちゃんがボーイフレンドを連れて来た その②」）

> Dad told us before that in difficult times or bad times, fruit is the only suitable present that you can give to people! So let's choose one together for Dad.

つらい時でも たとえ不幸な時にも プレゼントとして贈って
良いのはフルーツだけと父さんは言ってたッ！
みんなで父さんの為にちゃんと選ぼう

（JOJOLION27巻「東方フルーツパーラー」）

Daiya

東方大弥

“Fairness is the rule.”
“Rules are power.”
Got it, Josuke♡?

『公正さこそルール』
『ルールこそパワー』なの…定助ェェ♡

（JOJOLION2巻「カリフォルニア・キング・ベッド その①」）

Happiness... is to share *memories* with someone else.

「幸せ」っていうのは……
「思い出」を誰かと共有することよ

（JOJOLION2巻「カリフォルニア・キング・ベッド その①」）

Boys must say it first...
Boys say it first, not girls.

男の子から言うのよ……
最初は男の子…
女の子からは言わないの

（JOJOLION2巻「カリフォルニア・キング・ベッド その②」）

Joshu

東方常秀（ひがしかたじょうしゅう）

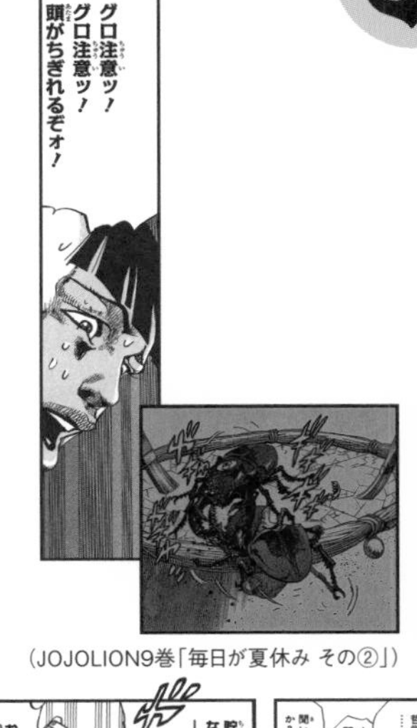

グロ（テスク）/grotesqueの本来の意味は「奇怪な・異様な」など。

Gore warning！ Gore warning！
The head’s gonna get ripped off！

グロ注意ッ！　グロ注意ッ！
頭がちぎれるぞォ！

（JOJOLION9巻「毎日が夏休み その②」）

My philosophy is...
Hey, are you listening?
Do you hear me?
It’s not to save up money！

オレの哲学はな……ねぇ 聞いてる？ 聞いてるか？
貯金をしない事なんだぜェ——ッ

（JOJOLION14巻「ミラグロマン その①」）

What’s going on, man?!
How come all Japanese I meet today are so honest when they’re usually cold as ice?!

なんなんだよッ！
今日の日本人はまったく全員正直だよなぁ——ッ
いつもはみんな冷たいくせによッ!!

（JOJOLION14巻「ミラグロマン その②」）

I’m no longer a pathetic guy...
I’m the one who’s gonna save everybody.

オレはもう情けないヤツなんかじゃあない…
オレがみんなを助けるんだ

（JOJOLION25巻「ザ・ワンダー・オブ・ユー（君の奇跡の愛） その⑱」）

Jobin

東方常敏（ひがしかたじょうびん）

gooood (=good)

Yes! Yes! It feels so gooood! *What an inspirational quote!*

超ッ！　超ッ！　超気持ちイイィ――――ッ
名言だものォォォォ――――ッ

（JOJOLION9巻「毎日が夏休み その②」）

holiday=vacation

It reminds me of my childhood summer holidays!

懐かしい子供の頃の夏休みの気分だッ！

（JOJOLION9巻「毎日が夏休み その③」）

No matter what pretty words my father says, the fact is that the strong ones survive, and the weak ones perish! It's as simple as that, and no one in this world can change this flow.

オレの父さんがなんだかんだ綺麗事を言っても
強いヤツが残り…弱いヤツは消える！
只のそれだけだしこの世の誰だろうと
この流れを止める事は出来ない

（JOJOLION18巻「オゾン・ベイビーの加圧 その①」）

I'm sorry, Dad...Please... I can't turn back from this *path*... Please forgive me.

すまない………父さん……どうかオレを
この「道」を後へは戻れない…オレを許してくれ

（JOJOLION24巻「ザ・ワンダー・オブ・ユー（君の奇跡の愛） その⑫」）

Mitsuba

東方密葉

(JOJOLION19巻「整形外科医-羽伴毅先生」)

> I'm okay with getting older. But I must avoid having ugly fingernails or saggy breasts.

年齢を重ねるのは良い…
でも爪が汚かったりオッパイがたれるわけにはいかないの

(JOJOLION20巻「ドクター・ウーと目醒める3枚の葉っぱ その④」)

> Don't worry.
> I won't be happy if I just run away from this, saying, *I didn't know*. Right here...I'm already starting to feel affection.

大丈夫よ
「知らなかった」で逃げたら…幸せになれない
ここ…すでに愛情が湧いて来てるわ

amicably：穏便に・丸く

(JOJOLION21巻「ザ・ワンダー・オブ・ユー(君の奇跡の愛) その①」)

> Mediate between us and *settle* it amicably? Don't give me that bullshit*!*

仲をとり持って「収める」？…………フザけた事をぬかすな*！*

(JOJOLION23巻「ザ・ワンダー・オブ・ユー(君の奇跡の愛) その⑪」)

> *This* is a *disaster*.

これは「厄災」…

champignon/シャンピニオン(仏):きのこ・マッシュルーム

Do you know their hit song, my friend?
We are the champignons*!*

見て　このキノコ　生キノコりィィ

(JOJOLION6巻「東方つるぎの目的 そして建築家」)

Ten years old... I wonder if I'm *happier* than other kids...or not. Or about the same?
What do you need to be *happy*?

10さい…僕って他の子供たちと比べて「幸せ」なのかなぁ…
「幸せ」じゃあないのかなぁ……同じくらいなのかなぁ
「何が」そろっていれば「幸せ」なのかなぁ

数の表記ルール:アメリカ英語では1から9はスペルアウト(アルファベットでつづること)、10以上はアラビア数字、イギリス英語では1から10はスペルアウト、11以上をアラビア数字で表すのが基本。ただし数情報が「文頭」にくるこの場合、スペルアウトするのが共通ルール。

(JOJOLION22巻「ザ・ワンダー・オブ・ユー(君の奇跡の愛) その④」)

But Mom...
You don't have to cry or get worried... It's gonna be fine. There will always be enemies and they can be anywhere, but we will win. It's the Higashikata family who's always gonna win.

ママ……でも 泣いたり…心配したりしないで　大丈夫
いつだって どこにだって 敵は居るけれど…きっと勝つよ
勝つのはいつだって東方家なんだ

(JOJOLION23巻「ザ・ワンダー・オブ・ユー(君の奇跡の愛) その⑧」)

Yasuho

広瀬康穂

（JOJOLION16巻「植物鑑定人－豆銑 礼（31） その②」）

'cause＝because

You're a good person! That's for sure!!
'Cause you can make such a wonderful dessert!

あなたいい人だわ！　絶ッッ対にいい人ッ!!
こんな素敵なデザートが作れる人なんてッ!!

(one) billionは「十億」。(one) millionは「百万」。つまり「一億」は100 million。

（JOJOLION20巻「ドクター・ウーと目醒める3枚の葉っぱ その④」）

I wonder how many billions of yen these are worth in total. Well, now we're set to become fruit thieves. We're gonna bring back all of these! Not just the fruits but the whole trees!

全部で何十億円だろう…まあ…泥棒決定になるのだろうけど
これは全部持って帰るわ！　果実だけじゃあなく樹木ごとねッ！

（JOJOLION25巻「ザ・ワンダー・オブ・ユー（君の奇跡の愛） その⑲」）

I'm making my way to this! I've got to press this, no matter *what*'s gonna happen to me!
But Josuke! I can find my way to you!!

向かうッ！　これを押すしかないッ!!
これから「何が」起こる事になろうとも！
でも定助ッ！　あなたの所へはたどり着けるッ!!

豆銑礼

foil：引き立て役

> They won't become good fruits if you eradicate weeds. The strawberries in this area have their roles as *foils*.

除草すると果実は良い果実にならない
ここら辺になっているイチゴには役割があって
全て「かませ犬」だ

（JOJOLION16巻
「植物鑑定人−豆銑 礼（31） その②」）

（JOJOLION17巻「アーバン・ゲリラとドレミファソラティ・ド その①」）

> Your first mission is to *protect me!*

まず わたしを守れ！

> I will never call you a *drag* again... I also understood that you have guided *Josuke* in the *right direction*.

君を…もう足手まといとは言わない
あの「定助」を「正しい方向」へ導いてくれたのも理解した

（JOJOLION18巻
「清の時代の髪留め」）

> I dare to tell you this in front of him.
> "No one recognizes *them*."
> "No one…not even Stands can see *them*."

そいつの前であえて言う
『誰もそれには気付いていない』……
『誰にもそれはスタンドでも見えていない』

（JOJOLION25巻「ザ・ワンダー・オブ・ユー（君の奇跡の愛） その⑰」）

Josephmi

空条仗世文（くうじょうじょせふみ）

admit：認める

But that's not the real purpose, is it?
Or, are you too proud to admit that?

そうじゃあないだろ
プライドで言えないのか？

（JOJOLION12巻
「ビタミンCとキラークイーン その①」）

I'll be more than happy to exchange my body with yours...That's much better. That's closer to my *image of happiness*. I was able to live until now, anyway.

喜んで……オレの身体と交換するよ……そっちの方がいい
そっちの方が…「幸せのイメージ」だ……
今まで生きてこれたしな

（JOJOLION13巻「ビタミンCとキラークイーン その④」）

You're the one who should live, not me. There's a new LOCACACA fruit on the *branch*. I want you to save your mother Holly with its *equivalent exchange*. Come on, eat it... Let's break the curse and look up at the new sky.

生きるべきは…君の方だ　僕の方じゃあない
「枝」に新しいロカカカの果実が生（な）っている
これの「等価交換」で…君がホリーさんを救って欲しい
食べるんだ…呪いを解いて……新しい空を見上げよう

（JOJOLION26巻「無事が何より」）

Yoshikage

吉良吉影

so-called : いわゆる

> Are so-called surfers
> *Beach Boys* or *Land Boys*?

サーファーという人間は……
「海の人間」なのか？
それとも「陸の人間」なのか？

（JOJOLION2巻「ソフト&ウェット その⑤」）

beat it : 逃げる・立ち去る

> Our ally is coming.
> Be prepared...
> Just beat it when you can
> move your body*!*

仲間が来る
…備えろ……
体が動けるようになったら逃げろ*！*

（JOJOLION13巻「ビタミンCとキラークイーン その③」）

> I'm sorry, Josephmi, for getting
> you involved in so many things...
> It's not your fault at all.
> You didn't do anything wrong,
> alright?

すまなかったな仗世文………
オレがいろいろなことにおまえを巻き込んでしまった…
どこも おまえのせいではない
おまえは何も悪くない　いいな……

（JOJOLION13巻「ビタミンCと
キラークイーン その③」）

Holly

吉良(きら)・ホリー・ジョースター

(JOJOLION13巻「ビタミンCとキラークイーン その②」)

Whatever act of cruelty may occur in this world, I will never forget what's most important to me.
There's no way I can forget my own child.
No way...

この世界でどんな残酷なことが起こったとしても…
何よりも大切なことは決して忘れない…
自分の子供のことをいつだって忘れるわけがない
絶対に…

(JOJOLION18巻「清の時代の髪留め」)

Not a single thing can be overlooked when it's self-evident.

自明の下では見過ごされて良い事など
ひとつとしてないの

(JOJOLION23巻「ザ・ワンダー・オブ・ユー(君の奇跡の愛) その⑨」)

Yoshikage...You must not chase after him.
But *it's okay to make him chase you*.
Be careful...please...because I want to see you...again.

吉影…絶対に追いかけるのは駄目よ
追いかけさせるのは良い
気をつけて…お願いよ…
あなたに…また会いたい…から

Kei

虹村京

(JOJOLION4巻「レモンとみかん」)

Stay calm...
You must compose your mind and accept the fact that you're going to witness, because it is the truth...

**落ちついて…これから見る事実を………………
あなたは心を落ちつけて受け止めること……
真実なのだから……**

(JOJOLION4巻「レモンとみかん」)

Yes, you are what you are... I know that... Like everyone in this world... You are who you are.

**そう　あなたはあなた…わかってるわ……
この世の誰だってそう……あなたはあなた自身**

(JOJOLION26巻「ザ・ワンダー・オブ・ユー(君の奇跡の愛) その⑳」)

Yes...
I'm already fully aware of that.
He's half *Yoshikage Kira*.
————My mother has already been helping...my older brother in this hospital.

**ええ………
そういうのももう理解しているわ
彼は半分…「吉良吉影」———
——兄の事を　わたしの母はすでにこの病院内で助けている途中だった**

作並(さくなみ)カレラ

> What's important is *now*, isn't it?
> Who cares about the past?
> All I care about is the *present!*
> I live a life that is fun and makes
> me happy right *now* at this moment
> and that's all that matters...
> That's what *happiness* is.

大切なのは「現在」…………………………でしょ？
過去なんてどうでもいいわ　興味があるのは「今」！
「今」が大切で楽しくて
素敵な気持ちになるために生きるの…
それが「幸せ」

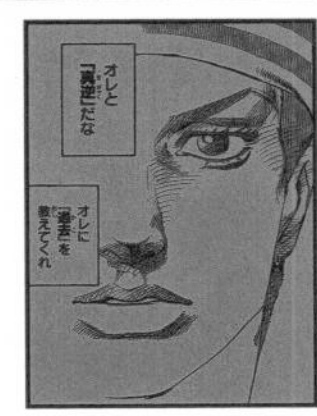

（JOJOLION11巻「ラブラブデラックス その②」）

> The way you look...That's
> because of the equivalent
> exchange with *Kira*, right?
> I'm getting out from this
> shitty world, too.

その姿…「吉良」と等価交換したからなのね！
あたしも抜け出せるわ……
こんなクソッたれの世の中からね

（JOJOLION11巻「ラブラブデラックス その④」）

People have a *mission* as we live on. It is not like a duty or something that you decide on your own, but it's more like the word from heaven above, something that is determined by some great flow. You'll be going on a mission for the sake of the world or for someone else.

（JOJOLION27巻「ラヂオ・ガガ事件（1941年）」）

生きていると「使命」というものがあるものよ
仕事や自分で決めた事というよりも
大きな流れで選ばれてしまうというか
天からの命令みたいなもの
世の中や誰かの為に行く事になる

I know…that "star-shaped" birthmark on your shoulder… And I know that we're tied together by the *mission*. And I know that you have a *Stand* that we *can't see* with our eyes*!!*

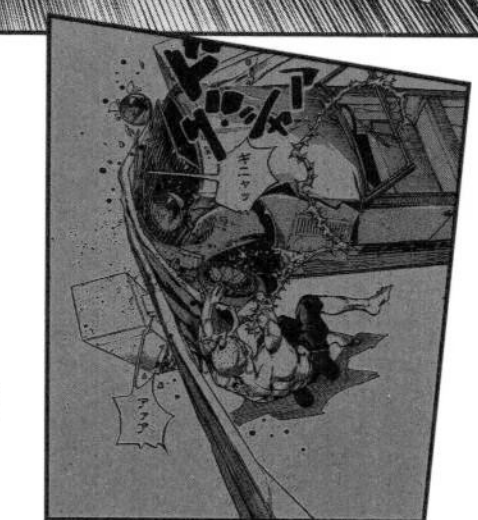

（JOJOLION27巻「東方フルーツパーラー」）

わたしは知っている…その肩にある…『星の形』の…アザ…を
知っている…「使命」で繋がっている事を
目では見えない…「心の力（スタンド）」がある事を……*!!*

Other Characters

警官／ペットショップのオヤジ

(JOJOLION1巻「ソフト&ウェット その①」)

I'm so thirsty...as if *something* has been taken away from me...

のどがすごく渇く…
「何か」を奪われたみたいに…

330,000: three hundred (and) thirty thousand

Listen, kids.
This is "Shakedown Road."
You knew it, right? People also call it *Dead Man's Curve*.
I'm a seasoned old man, you know.
I can drive you guys into a corner with no mercy...
If you don't want that, just pay the 330,000 yen right now.

(JOJOLION4巻「『カツアゲロード』 その①」)

あのな…
ここは『カツアゲロード』
知ってるんだろう…？　別名―――「デッドマンズ・カーブ」
ワシは年季が入ってるんだよ…
おまえさんらをとことん追いつめてやるぞ…
早いところ33万円支払った方がいい

老人／苦竹財平／女性ドライバー／運転手

(JOJOLION10巻「ドゥービー・ワゥ その①」)

I'd pay any price to eat that*!*
I'll exchange anything for it*!*
I am gonna exchange anything for it*!*

あれを喰えるならいくらでも支払うぞ*!*
どんなものとも交換するッ*!*
わしは なんとでも交換するぞォォ——ッ

(JOJOLION14巻「ミラグロマン その②」)

That's how they set you up.
That's the Milagroman's *rule*.

そうやってハメるんだよ
それがミラグロマンの「ルール」なんだ

(JOJOLION15巻
「ドロミテの青い珊瑚礁 その②」)

Hey, give me a break, will ya?!!
I don't give a damn about your lives
if the law permits, but are you
trying to make me hit and kill him?!

ちょっと勘弁してよォッ*!!*
法律が許すなら
オメーらの命なんてどーでもいいけどさあッ
あたしに轢き殺させる気ィッ!?

(JOJOLION27巻「ラヂオ・ガガ事件(1941年)」)

But I'm not wearing any clothes*!*
Whoa! I'm butt ass naked*!*

服を脱いじゃっていますぅ——ッ
素裸だァァアァァ

第3章
敵の名ゼリフで
英語を学ぶッ!
東方定助たちと戦った者たちの
言葉を英語訳にしてみた。
これで君たちの英語力も
上達するはずだ。
それこそ「厄災」にでも
遭遇しない限りはね…。

Ojiro

笹目桜二郎

(JOJOLION2巻「ソフト&ウェット その⑤」)

accuse：責める・訴える

He says I'm "pretending to be a man"...On and on and on...he accuses me for hours.

オレのことを『男のフリをしている』…と ずっとずっとずっと 延々オレをなじり続けるんだ

I'm never gonna forgive that guy...
I swore I'd avenge myself on him.
Man, I can't forgive myself either...
I can't satisfy myself until I make sure I have *control* over that guy.
Having said that...maybe I can't win against him...

(JOJOLION2巻「ソフト&ウェット その⑤」)

オレはあいつを絶対許さねえ……
この恨みを晴らすって誓ったんだ
オレは自分自身も許せねぇ…
あいつを絶対「支配」してやらなくちゃあ収まらないんだ
……とは言え…あいつには
…オレは勝てないのかもしれねぇな…

Just *give* me all you got.
Forget about all the rights and everything...

(JOJOLION22巻「ザ・ワンダー・オブ・ユー(君の奇跡の愛) その⑤」)

オレに全てを「与えろ」　…もう権利とか何もかも諦めてな…

Yotsuyu

八木山夜露（やぎやまよつゆ）

I've been watching you...and
"I know" about you.
Show it to me*!!* You've got a *Stand ability*, don't you?
Show me how it looks.

ずっと見てた…君のことは……『知ってるんだ』…
出せッ…*!!*　「スタンド能力」持っているんだろう?
どんなのか　観せてみろ

(JOJOLION6巻
「東方つるぎの目的 そして建築家」)

28：twenty-eight

My name is Yotsuyu Yagiyama. I'm 28.
I'm an architect, and I live... in *A Secret Place*. There are many things that I pursue, but I would say social prestige is what I want the most.

名前は八木山夜露　28さい
仕事は建築家で住んでいる所は…ひ・み・つ
狙う所はいろいろあるが……
一番欲しいのは社会的名声かな

(JOJOLION6巻
「東方つるぎの目的 そして建築家」)

fork：両取りを意味するチェス用語

Your "king and rook are forked."
...You're already trapped in a losing fight!

『王手飛車取り』だ
…すでにおまえの敗北の形…*!*

(JOJOLION8巻
「『アイ・アム・ア・ロック』その①」)

Aisho

大年寺山愛唱

(JOJOLION10巻「ドゥービー・ワゥ その②」)

There are two of them...There are *two* Stands...*One* that's been spying on me and the *other* that showed me the illusion. *They're the same as me,* these two guys. *They can attack those they touch.*

…2人いる　このスタンドは「2つ」だ…
オレを探ってたヤツ…そしてオレに幻覚を観せたヤツ
オレと同じだ　この2人とも…そして触れたヤツを攻撃できる

(JOJOLION10巻「ドゥービー・ワゥ その④」)

I love you as much as the whole world outside this finger and the thumb♡

thumb：親指

この指の外側の世界…全てくらい大好き♡

(JOJOLION10巻「ドゥービー・ワゥ その④」)

Say something! Jobin Higashikata! You give me the goddamn permission!

答えろォーーーッ　東方常敏ッ!
おまえが許可を出せエエーーーッ

(JOJOLION12巻「ビタミンCとキラークイーン その①」)

A body healed by eating that fruit will go through an *equivalent exchange!* All great things require risk.

そのフルーツで治した身体は「等価交換」となる!
素晴らしいことには　必ずリスクがある……

A.Phex Brothers

エイ・フェックス兄弟（兄）

There's no legal issue at all, is there? It's like a part of his body and he has never caused an accident...

（JOJOLION11巻
「ラブラブデラックス その②」）

どこも法的に問題はないだろう
一心同体なんだ　事故など起こしたこともない…

Well...I'm afraid we can't stay in this town for so long, either. But there's nothing to be ashamed of... It's not your *fault*. In fact, *that*'s what I love about you the most.

（JOJOLION11巻
「ラブラブデラックス その②」）

どうやら…この町にも長くは滞在できないな
…だが恥じることはないぞ おまえのせいじゃない
それはオレがおまえの一番大好きなところだからな

エイ・フェックス兄弟（弟）

How far are we gonna go with that guy? Torture him to the limit but still could afford to tell us who he is?

（JOJOLION11巻
「ラブラブデラックス その④」）

そいつをどこまでやるんだ？　何者か聞ける程度か…？

Tamaki

田最環（だもたまき）

（JOJOLION12巻「鳩ちゃんがボーイフレンドを連れて来た その③」）

Things are complex.
They are connected, so it's not always the case that there's *just one* motive or objective.

物事は複合的だ
繋がってて動機や目的がひとつだけとは限らない

（JOJOLION13巻
「ビタミンCとキラークイーン その②」）

I see... Alright. I like the way you're answering my questions one at a time.
Now, let's go on to the next step*!*

そうか……良い　ひとつずつ答えてるところはいいぞ
次の段階に行こう*!*

（JOJOLION13巻「ウォーキング・ハート」）

I knew they would swim.
It's my first time to see tropical fish swim inside a human body*!*
This is so much fun*!*
I gotta record a video of this on Instagram. Bwahaha*!*

やっぱり泳ぐと思ったぞォ
熱帯魚が人間の体の中を泳ぐの初めて見たッ*!*
オモシレェ——ッ
動画で撮っておこう ガハハハハッ

泥駒政次（ドロミテ）

（JOJOLION15巻
「ドロミテの青い珊瑚礁 その②」）

Blue Lagoon. I wish I could go there...
............It's my dream...
Just imagine... we're shipwrecked, just you and I, hanging together on the wreckage and we drift to a deserted island.
We would dive under the water to catch fish...open coconuts and build a tree house there...
It's just that... they're not realistic...

「青い珊瑚礁」そこに行けたらいいなぁ………
…………オレの夢なんだ………
遭難して…君と2人っきりで
船の破片にしがみついて流れつくんだよ
潜って魚を獲ったり…ヤシの実を割ったり
島の木の上に家を作ったりさぁ…
只…それだけの事が現実的じゃあないけどね……

（JOJOLION16巻
「ドロミテの青い珊瑚礁 その⑤」）

Perhaps I could ask her again to *go* there with me...to the "Blue Lagoon."

もう一度…「行こう」って誘ってみるかな
『青い珊瑚礁』に…

Ryo

下里良(アーバン・ゲリラ)

decompose:腐敗・腐食させる・分解する

You bastard...! I'm just gonna leave your mouth and eyes as they are, so you can keep talking like that. But I'm gonna decompose your arms and legs and rip them off.

(JOJOLION17巻「アーバン・ゲリラとドレミファソラティ・ド その①」)

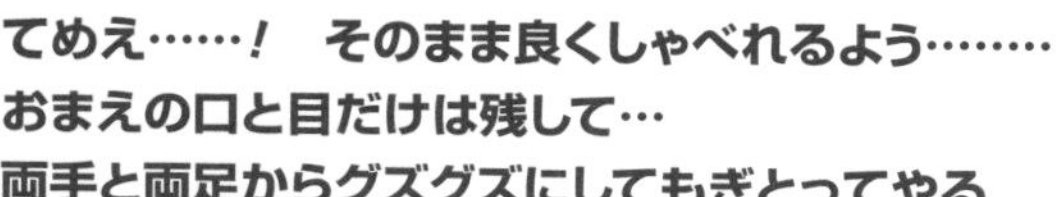

てめえ……! そのまま良くしゃべれるよう………
おまえの口と目だけは残して…
両手と両足からグズグズにしてもぎとってやる

Dammit, you threw a knife at me twice..."Plant Appraiser"... I'm gonna turn you into shoelaces for my shoes when I return home.

(JOJOLION17巻「アーバン・ゲリラとドレミファソラティ・ド その②」)

2発もナイフを投げて来やがって……オレが家に帰ったら……
『植物鑑定人』……おまえ自身を靴ひもにして使ってやる……

go gaga over ~:~に夢中になる

While you guys are going gaga over *making money* and getting *healthy*, the *New LOCACACA* is gonna take us to a new world.

(JOJOLION17巻「アーバン・ゲリラとドレミファソラティ・ド その②」)

おまえたちが「金もうけ」と「健康」に夢中になっている時
「新ロカカカ」でオレたちにとって新しい世界がやって来るんだ

Tom

プアー・トム

Well... looking at the fact that *they haven't returned*, I'm afraid we've completely *lost our chance to find* the "branches" of the *New LOCACACA*.

つまり…戻って来ないというのは…
我々には「新ロカカカ」の『枝』を決して
見つけられないという
意味なんじゃよ

(JOJOLION17巻「アーバン・ゲリラとドレミファソラティ・ド その③」)

kick back：もたれて休む・リラックスする

Until a while ago, I was in a sun-filled room where I was indulging myself in her nice and warm body. I was lying with my head on her lap...stroking her thighs... I should have just kicked back and waited until you guys got crushed by air pressure change.

さっきまで　ワシは日当りの良い部屋に居ったし
彼女　温かでぬくぬくだったよなぁ〜〜〜〜
ワシは彼女に膝マクラしてもらって…太モモすりすりで…
ただ　のんびりと
おまえらが気圧でグシャグシャになるのを
待ってりゃあ良かったんだ

(JOJOLION19巻「オゾン・ベイビーの加圧 その③」)

Tomoki

羽伴毅（ドクター・ウー）

apply：適用する・応用する・申し込む

It's just "once", Mrs. Higashikata. There's a "perfect" treatment approach that can be applied just "once."

『一回』だけです　東方さん
『一度』だけなら可能な『完璧な』…治療法があります

（JOJOLION19巻「TG大学病院へ行く」）

I never fail. I never have, not even once in my life... My school exams... medical licensing exam... and driver's license test... I passed them all on my first try. The same goes for love.
Because I would stay away from a woman I had a bad feeling about in the beginning.

失敗はしません　今までたったの…一度もです
学校の受験も…医師の国家試験も…車の運転免許も…
一回で合格しました　恋愛も失敗しません
最初にイカンと思ったらその女性には近づきませんからね

（JOJOLION20巻「ドクター・ウーと目醒める3枚の葉っぱ その②」）

There's no way that public benefit can be *evil*. Be it a *secret* or any dirty deed, they are accepted as long as they serve the public benefit.

公益は「悪」ではないのだよ　「秘密」だろうと
たとえどんなゲス行為だろうと　公益であれば許される

（JOJOLION20巻「ドクター・ウーと目醒める3枚の葉っぱ その③」）

Satoru

明負悟

（JOJOLION24巻「ザ・ワンダー・オブ・ユー（君の奇跡の愛）その⑮」）

"It is just before returning home after a long journey, that most people are likely to have an accident."

『長旅をしている者が最も事故に遭いやすいのは　帰宅直前』だ

pursuer：追跡者

The act of "pursuing" me will definitely come back to the pursuer in a form of painful "disaster." It is because the "flow of disaster" is the "flow of reason"! *Truths* in this world are consecutively connected, and there is no way you can go beyond them!

このわたしを『追撃する』行為は必ず『禍』の痛手となって
その者に返って行く　『厄災の流れ』は『条理の流れ』だからだ！
この世の「理」は連続して繋がっている！
決して！　それを越えて来るなどという事はありえない！

（JOJOLION26巻「ザ・ワンダー・オブ・ユー（君の奇跡の愛）その㉑」）

"Ob-La-Di, Ob-La-Da."
Your life can go on... as long as you don't pursue me any further.

『オブラディ・オブラダ』無事が何より……
わたしを更に追撃しない限りはな

（JOJOLION26巻「無事が何より」）

Toru

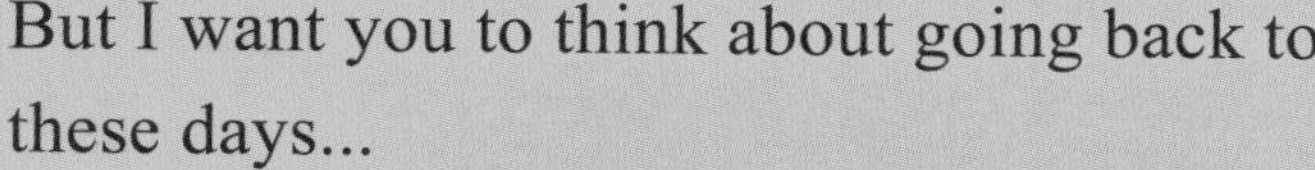

透龍（とおる）

（JOJOLION22巻「ザ・ワンダー・オブ・ユー（君の奇跡の愛）その⑦」）

But I want you to think about going back to these days...
To the relationship we used to have when the Moon and Mercury aligned in the direction toward the Perseus constellation...
To the days when we were filled with joy...

でも君に考えて欲しいんだ　あの頃に戻る事を…
ペルセウス座の方角に…　月と水星が並んだあの時と同じ関係に…
僕たちは…幸せだった

（JOJOLION24巻「ザ・ワンダー・オブ・ユー（君の奇跡の愛）その⑮」）

Even if a saint carefully walks along the *right path*..., evil things do sometimes occur, and it's unavoidable.
That's called "disaster."

「正しい道筋」を……たとえ聖人が間違わずに歩んでいようとも…
悪事は時に起こり避けられない　それが『厄災』だ

"The remains after things are all over"...
The differences of things like defeat and victory have nothing to do with the *rock* on the cliff.

『終わって残るモノ』……
敗北だの勝利だのの 区別は 崖の上の「岩」には無縁だ

（JOJOLION27巻「全ての呪いが解けるとき」）

Epilogue

『ジョジョリオン』…—
これは—「呪い」を解く物語

存在するけれども
目に見えないものがこの世には在り
ジョジョリオンでは
それは人の「心の形」
東方家が支払ったこの犠牲と代償は
あまりにも大き過ぎて…

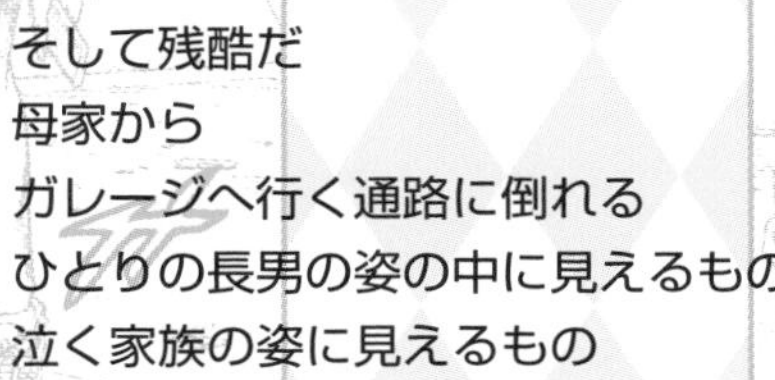

—
そして残酷だ
母家から
ガレージへ行く通路に倒れる
ひとりの長男の姿の中に見えるもの
泣く家族の姿に見えるもの

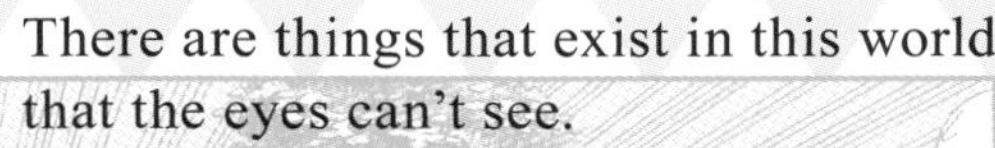

"JoJolion"...
This is a story about breaking a *curse*.

There are things that exist in this world
that the eyes can't see.
In JoJolion, it's the *shape of the hearts*
of the people.
The sacrifices and the prices the
Higashikata family had to pay
were so huge...
...and cruel.
Something that you can see in the figure
of the eldest son lying in the passage
between the main house and the garage.
What you see in the figure of a family
member crying.

少女時代に居なかった母親が
急に現れ全てが許せずとり乱す者
欲望で行動し負傷した者
さっきまで秘密をかかえていて
夫を失った者
それぞれの家族が集う
このガレージの中に
何が見えるのか？
………
永久に失われバラバラにされた
新ロカカカの鉢植えの姿に……
飛行機からの落下物で破壊された
東方邸の姿に………

One who just couldn’t accept anything and got upset because of the sudden appearance of her mother whom she hadn’t seen in her childhood.
One who got injured as a result of giving free rein to his own desires.
One who lived with a secret until a while ago and has lost her husband.
What can we see here in this garage where the family members are gathered?
Or in the potted New LOCACACA plant that has been broken up into pieces and lost forever...?
In the Higashikata mansion damaged by a fallen object from the airplane...?

床に散らばったトランプカードの
残骸に一体
何が見えるのか？

それは
絶望ではなく
私（広瀬康穂）には希望に見える

家族は全員
希望の為に行動し……
廊下で厄災に倒れ…
最後の最後に
東方家の家族は
更にガレージの奥へと進んだ
それは
全て希望の為

In the remains of the playing cards
scattered on the floor...
What can we see in them?

To me (Yasuho Hirose), they seem hope,
not despair.

All the family members took their actions
for the sake of hope, being struck down
in the passage by calamity...
And at the very end...the people of the
Higashikata family made
their ways further inside the garage.
All was for the sake of hope.

つるつるに輝く
その次世代の
長男のほっぺたの
皮膚の表面に
東方家の希望が見える

「呪い」は…
この時解かれたのだから…

「呪い」は…

The smooth and
shiny skin surface
of the cheek of the eldest
son of the next generation...
...reflects the hope of the
Higashikata family.

Because at that moment,
the *curse*...has been lifted...

(JOJOLION27巻「ゴー・ビヨンド その②」)

PART2
第1部～第7部
SPECIAL
Fist & Faith
タイトルの「Fist & Faith」は直訳すると
「拳と信念」という意味だ。
ここでは各部の主人公&宿敵たちの確固たる「信念」が
表れているセリフ、そして両者が「拳」を交えた
クライマックスシーンを英訳して掲載!!

第1部 ファントムブラッド

ちがう	You're wrong.
信念さえあれば	As long as we keep the faith,
人間に不可能はない!	there's nothing impossible for humans!
人間は成長するのだ!	Human beings grow and
してみせるッ!	develop, and I surely will!

(JC5巻「炎&氷(ファイヤーアンドアイス)!の巻」)

人間に不可能(ふかのう)はない!
人間は成長(せいちょう)するのだ!
してみせるッ!

ジョナサン・

か…
かなわない…
………

で…でも
負けられない
もしこのケンカで負けたら
これから一生ディオの影で
オドオドと生活しなくてはならない！
な…何よりも
エリナの名誉を
取りもどすため戦わなくてはならない！
(JC1巻「負けられない戦いの巻」)

No... I can't beat him...

But I can't afford to lose...
If I lose this fight, I'll have to live in Dio's shadow for the rest of my life as a coward!
Above all, I must fight with him to take back Erina's honour!

★ここではイギリスが舞台のためhonourと表記。ただし日本では米語スペルのhonorのほうが一般的。

浄めてやるッ
その穢れたる野望！
(JC5巻「血戦！JoJo&Dioの巻」)

I will purge your dirty soul!

★purge：清める・取り除く

「策」ではないッ！
「勇気」だ!!
(JC2巻「生ける死者の襲撃の巻」)

It's not a damn *plan*!
It's *courage*!

高潔なる紳士！ジョースター

第1部
ファントムブラッド

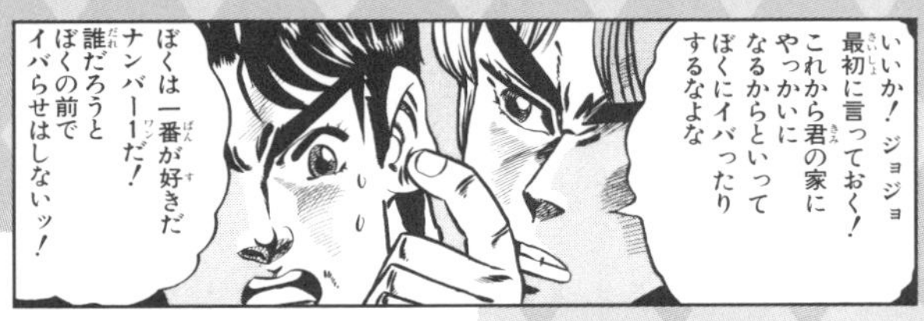

ぼくは一番が好きだ
ナンバー1(ワン)だ！
誰だろうと
ぼくの前で
イバらせはしないッ！
（JC1巻「新しき友人！の巻」）

I like being number one.
I repeat—number one!
I won't let anyone have
an attitude with me!

ジョジョ…
人間ってのは
能力に限界があるなあ

おれが
短い人生で
学んだことは
…………
人間は策を弄すれば弄するほど
予期せぬ事態で策がくずれさる
ってことだ！
……………
人間を越えるものに
ならねばな……

おれは人間をやめるぞ！
ジョジョ――ッ！！
（JC2巻「人間を超越する！の巻」）

JOJO, you know
there's a limit to what
a human can do.

What I've learned
from my short life
experience is that
without luck on your
side, you got nothing.
You gotta go beyond
humanity.

I'm done with
mankind, JOJO!

★be done with ~:～を終える

食物連鎖というのがあったな…
草はブタに食われ
ブタは人間に食われる

我我はその人間を
糧としてるわけか………
人間を食料にしてこそ
「真の帝王」……
フハハハ

（JC3巻「呪われた町の巻」）

食物連鎖というのがあったな… 草はブタに食われ ブタは人間に食われる
我我はその人間を糧としてるわけか……… 人間を食料にしてこそ「真の帝王」…… フハハハ

There is something called a food chain... Pigs eat grass and humans eat pigs.

Now, humans become our daily bread... A *true king* would feed on humans... Ha ha ha.

★daily bread：直訳は「毎日のパン」、つまり「日々の糧」。

より高き場所へ！

ディオ・ブランドー

第1部 ファントムブラッド

ジョナサン ディオ…
君のいうように
ぼくらはやはり ふたりでひとり
だったのかもしれないな
奇妙な友情すら感じるよ…
そして 今
ふたりの運命は完全にひとつに
なった…
そして…船の爆発で消える…

Dio... Like you say, we may have been one and the same.
I even feel some kind of bizarre friendship between us...
And now, our destinies have completely become one... ready to disappear with the ship's explosion...

CLIMAX!!

血の宿命！ ジョナサン

ディオ はなせ…
ジョジョォォ……
離すんだ
考えなおせジョジョ

おまえにも永遠をやろうではないか！
その傷もなおす…
エリナと永遠を生きれるぞ…
ジョジョ！

Let go of me, JOJO... Let me go and rethink it, JOJO.

How about I give you eternity, too?!
I can also heal that wound...
You can live eternally with Erina, JOJO！

★let go of ~:～から手を放す

ディオ ジョジョ…!?
こ…こいつ

……死んでいる……！

JOJO...!?
He...
He's dead...！

VS ディオ

一八八九年 2月7日
ジョナサン・ジョースター
死亡

（JC5巻「忘却の彼方への巻」）

Jonathan Joestar dies on 7 February, 1889

第2部 戦闘潮流

オー! ノーッ
おれの嫌いな言葉は
一番が「努力」で
二番目が「ガンバル」
なんだぜーッ

(JC8巻「ヴェネチアの達人の巻」)

Oh! No! *Strive* is the term I hate the most, and *do my best* comes next!

★do my bestは「ベストを尽くす」だが、「でも必ずうまくいくとは限らない」のニュアンスを含むので注意。

逃げるが逃げない男!

ジョセフ・ジョースター

せまりくる脅威が
実感となって
きているせいだ…
落ちつかなくては……
………
くよくよ考えても
しょうがないというのが
オレの生き方の
原点じゃあねーか…

(JC10巻「シーザー過去からの怒りの巻」)

I feel this way *because* I really can feel the danger coming close to me...
I've gotta calm down...
Come on, JOJO, it's no use dwelling on something, and that's the foundation of my way of life...

当りまえだぜッ！
このJOJOはなにから
なにまで計算づくだぜーッ！
ほんとはちがうけど
カーズがくやしがるなら
こういってやるぜ ケッ！

(JC12巻「驚異の赤石パワーの巻」)

That's right!
Everything this JOJO does is carefully thought out in advance!
That's actually not true, but I'd say so if that would bum Kars out. Hah!

★bum out:落ち込む・落胆させる

第2部
戦闘潮流
残るはこのカーズ独りか…
だが頂点に立つ者は常にひとり!
（JC11巻「風にかえる戦士の巻」）
It seems like I'm the last one...
But there's only one who will get to the top, and that is me!
残るは
このカーズ独りか…
だが
頂点に立つ者は
常にひとり!
目指すは「究極生命体」!
カーズ

フン！
くだらんなぁ〜〜〜
一対一の決闘なんてなあ〜〜〜〜〜〜っ
このカーズの目的はあくまでも「赤石」！
あくまでも「究極生物」になること!!
ワムウのような戦士になるつもりもなければ
ロマンチストでもない……
どんな手をつかおうが…
………最終的に…
勝てばよかろうなのだァァァァッ!!
(JC12巻「悪逆！生贄の神殿の巻」)

Huh*!*
A one-on-one fight is worthless*!*
My objective is just to get the *Red Stone* and become the *ultimate being!!*
I'm not interested in becoming a warrior like Wamuu and I ain't no romanticist...
Most important is that at the very end... I get a victory regardless of whatever it takes*!!*

『バカ者どもがッ！』
『太陽を克服したいと思わないのかッ！
何者をも支配したいと思わないのかッ！
あらゆる恐怖をなくしたいと思わないのかッ！』
(JC12巻「驚異の赤石パワーの巻」)

"You fools"*!*
"Don't you want to overcome the sun?!
Don't you want to reign over all living things?!
Don't you want to be free from the slightest trace of fear"?!

第2部 戦闘潮流

肉体＆頭脳を駆け引き

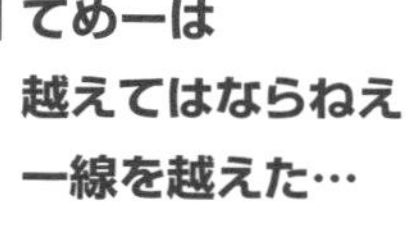

ジョセフ **てめーは越えてはならねえ一線を越えた…**

You crossed a line you shouldn't have.

ジョセフ **てめーは正正堂堂といいながらリサリサをだまし裏切った!**
そして てめーのその行為は仲間であったワムウの「意志」をも裏切ったんだッーっ!!

You said this was gonna be a fair fight, but you stabbed Lisa Lisa in the back!
And your foul deed betrayed your buddy Wamuu's *will* as well!

駆使した バトル!!

カーズ **このカスが…**
激こうするんじゃあない……
目的を達するというのが至上の事！

Don’t get so mad, you little bastard.
What’s most important here is to reach the goal*!*

All I need is the *Red Stone*.
Making as little effort as possible, minimizing risks, avoiding gambles, you move your chess pieces one at a time–That’s what a *True Battle* is*!*
And that’s how I’m gonna trap you–’til you die.

カーズ **あくまで「赤石」が手に入れば よいのだ**
できるだけ汗をかかず 危険を最小限にし！
バクチをさけ！
戦いの駒を一手一手動かす
それが「真の戦闘」だッーっ!!
きさまも今からその様にして
ジワジワと俺の手の内にはまって
死んでいくことになる…………

ジョセフ **おれはッー**
おまえほどカーズッ！
真底心から憎いと思ったヤツはいねえ！
（JC12巻「リサリサ、JOJOを結ぶ絆の巻」）

Kars, you’re the most disgusting bastard I’ve ever met*!*

第3部 スターダストクルセイダース

「悪」とはてめー自身の
ためだけに
弱者を利用しふみつける
やつのことだ!!
ましてや女を—っ!
きさまがやったのはそれだ!
あ〜〜〜ん
おめーの「スタンド」は
被害者自身にも法律にも
見えねえしわからねぇ…
だからおれが裁く!

(JC13巻「裁くのは誰だ!?の巻」)

Evil is one who takes advantage of the weak and tramples on them only to fulfil their own interest! And on a woman,no less! That's what you did! Neither the victim nor any law can see your *Stand* or know it exists... That's why... I'll be the judge of that!

★take advantage of ~:~を利用する(meやhimなど目的語が人の場合、「つけ込む」など悪意のあるニュアンスに)

おめえさっき
「道」がないとかなんとかいって
たなあ
ちがうね………
……
『道』というものは自分で
切り開くものだ

(JC17巻「運命の車輪(ホウィール・オブ・フォーチュン) その④」)

You were saying there is no *future* or something like that.
You're wrong...Your "future" is something you carve out by yourself.

Fist & Faith!
こんなことを
見せられて
頭に来ねえ
ヤツは
いねえッ!
ドドド
じじいは……
決して逆上するなと言った…
しかし…それは…無理ってもんだッ!
こんなことを見せられて
頭に来ねえヤツはいねえッ!
（JC28巻「DIOの世界 その⑯」）
Grandpa...told me never
to lose my temper,
but...that's...impossible!
How the hell can
anyone hold their
temper after seeing
what he's done!
★the hell：ここでは「地獄」と訳さず、Howとcanの間に入れて言うことで怒りや驚きなどの感情を表現。
悪は許せねえ!
空条承太郎

戦いに敗れ欲するものが
手に入らなかった場合………
挫折感と敗北感を味わい傷つき…
そして 次なる戦いのとき
「恐怖」を感じることになる
……………
おれは「恐怖」を克服することが
「生きる」ことだと思う
世界の頂点に立つ者は!
ほんのちっぽけな「恐怖」をも
持たぬ者ッ!
わかるかエンヤ婆?

(JC14巻「力(ストレングス)その①」)

When one fails to get what they want by losing a battle and get wounded, one would experience a sense of failure and defeat... And because of that, one would be controlled by *fear* in the next fight.
I believe that *living* is all about overcoming *fear*.
The one who stands at the top of the world is the one without even the Slightest trace of *fear!*
Do you understand that, Enyaba?

悪の救世主!

DIO(ディオ)

『あと味のよくないものを残す』とか
『人生に悔いを残さない』だとか…
便所のネズミのクソにも匹敵する
そのくだらない物の考え方が命とりよ!
クックックックッ
このDIOにはそれはない…
あるのはシンプルな たったひとつの
思想だけだ…たったひとつ!
『勝利して支配する』!
それだけよ…
それだけが満足感よ!
過程や……!
方法なぞ………!
どうでもよいのだァ―――ッ
(JC28巻「DIOの世界 その⑱」)

"Leaving a bad aftertaste"?
"Not gonna have any regrets"?
Your way of thinking which
is as absurd a rat turds in the
bathroom;that'll kill you.
Hehehehe.
I *never think that way...*
What I believe is *one* simple
principle... just one!
"To win and rule"!
That's it...
That's the only thing that
satisfies me!
What I do or how I do it...is not
an issue!

第3部 スターダストクルセイダース

100年の因縁！白と黒のスタンド対決

まったく…か…
体が動かん!?

DIO	な…なんだ？ 体のうごきが に…にぶいぞ ち…ちがう 動きがにぶいのではない… う…動けんッ！ ば…ばかな ま…まったく…か… 体が動かん!?	Wha... What is it? I'm kind of... sluggish. I... I can't move！ It can't be！ I can't move my body at all！
承太郎	11秒経過だぜ 動ける時間は そこまでのようだな DIO！	Eleven seconds have passed. It looks like that's your limit for moving around, DIO！
DIO	なっ なにィィ〜〜ッ！	What the...?
承太郎	おれが時を止めた…… 9秒の時点でな… そして脱出できた… やれやれだぜ…	I'm the one who stopped time... at the moment when it reached nine seconds... and I was able to get myself out. Oh well...

承太郎 **どんな気分だ？**
動けねえのに
背後に立たれる気分はよ？
これからッ！
てめーをやるのに！
1秒もかからねーぜッ！

How does it feel to hear my voice from behind when you can't turn around? It wouldn't take even a second to beat the shit out of you!

DIO **じょ…！承太郎ッ！**
（JC28巻「DIOの世界 その⑰」）

Jo...Jotaro!

第4部 ダイヤモンドは砕けない

この自慢の頭をけなされると
ムカッ腹が立つぜ！
なぜ頭にくるか自分でもわからねえ！
きっと頭にくるってことには
理由が ねえーんだろーなッ！
本能ってやつなんだろーなッ！

（JC29巻「空条承太郎！ 東方仗助に会う その②」）

I get pissed off when someone makes fun of my hairstyle that I take pride in!
I don’t know why I get angry!
Maybe I don’t have a reason!
It’s just a matter of instinct!

★get pissed off / get angry：怒る
make fun of ~：～をバカにする

町はおれが守る！

東方仗助（ひがしかたじょうすけ）

おれが この町とおふくろを守りますよ
この人の代わりに……
どんなことが起ころうと…

（JC29巻「東方仗助！ アンジェロに会う その②」）

I will protect my town and my mom in his place no matter what happens...

「その紙はワナだ」…
それは わかっていたんだ…
そうなんだよなあ〜〜〜〜〜〜〜〜〜〜〜
しかしよォー
それでもなぜおれがその「紙」を
助けようとしたのか…
ひょっとしたら康一かもしれないと思ったら……
万が一でも！
康一だっつー可能性があるのなら！
その「紙」を助けに行かねえわけには
いかねえだろう…！

（JC43巻「エニグマの少年 その④」）

That piece of paper is a trap...I already knew that...Yes, I did... But, you know, the question is, why did I still try to rescue that piece of *paper*?
I thought *it could be Koichi*, and if there is even a one in a million chance that it could be him, how could I possibly not try to rescue that piece of *paper!*

★one in a million：(百)万が一の

第4部 ダイヤモンドは砕けない

わたしは常に
『心の平穏』を願って生きてる
人間ということを説明しているのだよ……
『勝ち負け』にこだわったり
頭をかかえるような『トラブル』とか
夜もねむれないといった『敵』をつくらない
……というのが わたしの社会に対する姿勢であり
それが自分の幸福だということを知っている……
もっとも闘ったとしても
わたしは誰にも負けんがね

（JC37巻「吉良吉影は静かに暮らしたい その④」）

★ここでのdamnはvery（とても）とほぼ同義で、「超」とか「マジ」のニュアンスを出したいときなどによく使われる。

I'm just trying to explain to you that I'm a guy who wants "peace of mind" all the time.
My stance toward the society is not being fussy about "winning or losing" or getting involved in worrisome "problems" or making "enemies" that interferes with my sleep, and I know that's the secret to my happiness, although I'm damn sure that I won't lose if I did fight.

ただ静かに暮らしたい…！

吉良吉影（きらよしかげ）

見てのとおりだ
切り離す…………
い…痛いよ…
なんて痛いんだ…
血もいっぱい出るし
涙まで出てくる………
だが わたしには勝ち負けは
問題ではない…
わたしは『生きのびる』……
平和に『生きのび』てみせる
わたしは人を殺さずには
いられないという
『サガ』を背負ってはいるが…
…………
『幸福に生きてみせるぞ！』
（JC39巻「シアーハートアタック その⑩」）

As you can see, I cut it off... It hurts... It really hurts... I'm bleeding a lot, and it even makes me cry...
But I don't care about winning or losing... I will "survive"... "survive" peacefully.
Although I have the "nature" that would not allow me to stop killing people, "I will live happily!"

★It hurts.は「（傷口などが）痛む」、つまり「痛い」。It is painful.も同じ意味。

激しい「喜び」はいらない…
そのかわり深い「絶望」もない………
「植物の心」のような人生を…
そんな「平穏な生活」こそ
わたしの目標だったのに………
（JC45巻「アナザーワン バイツァ・ダスト その⑨」）

I don't need any passionate *joy*, but I wouldn't have any deep *despair* either...
Living a *peaceful life* or a life that is like a *mind of plants* was supposed to be my goal...

★passionate：passione（パッショーネ）、ではなくpassion（パッション）の形容詞で「情熱的な」。

第4部 ダイヤモンドは砕けない

吉良 だが…こんな時 …忘れてはいけないのは… こんなヒドイ時にこそ… 最悪の時にこそ！ 『チャンス』というものは 訪れるという 過去からの教訓だ…………… 「追いつめられた時」こそ…… 冷静に物事に対処し『チャンス』 をものにするのだ…	But I mustn't forget the lessons of the past that "chances" will always come at the worst times. What's important is to *take advantage* of a "chance" by addressing the issues calmly *particularly when you're backed into a corner.*

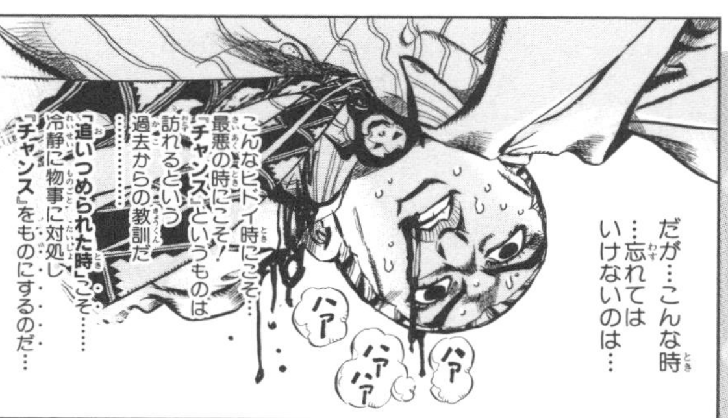

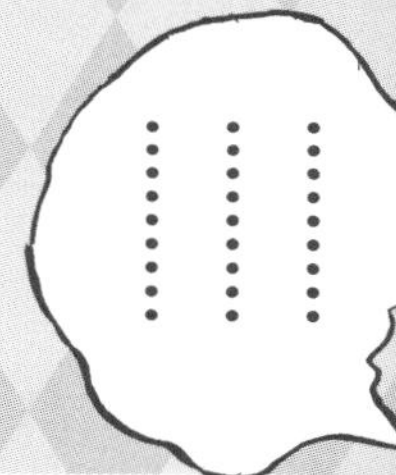

★address an issue: 問題に取り組む

吉良 この吉良吉影 いつだってそうやって来たのだ …… 今まで乗り越えられなかった 物事(トラブル)など…… 一度だってないのだ！ はッ！ ……… ……… ………	That's what I, Yoshikage Kira, have always practiced. I have never failed to overcome any trouble, not a single time! Huh! ……… ……… ………

★practice：実践する・練習する

杜王町に潜む

仗助 **射程距離内に…………………**
入ったぜ…………
吉良吉影………

You're in my range,
Yoshikage Kira...

吉良 **東方……仗助……**

仗助 **出しな……**
てめ〜の………
『キラー…………
…………クイーン』……を…

吉良 **キラークイーン!**

仗助 **ドラアアーッ**

(JC46巻「クレイジー・D(ダイヤモンド)は砕けない その⑦」)

Josuke Higashikata...

Show it, man...
Summon your "Deadly Queen"...

Deadly Queen!

Doraaa!

★summon:召喚する

邪悪を討て!

第5部 黄金の風

このジョルノ・ジョバァーナには夢がある!

（JC49巻「ソフト・マシーンの謎 その①」）

I, Giorno Giovanna, have a dream!

ジョースター&DIOの血を継ぐ!

ジョルノ・ジョバァーナ

運命なのか…
それとも似たようなスタンド同士の
引力で君とぼくは出会ったのか…
人というのは成功や勝利よりも
「失敗」から学ぶ事が多い…………
「部品」にする君の能力……………
君のおかげでぼくの「ゴールド・E」は
とにかく成長できた

(JC54巻「ベイビィ・フェイス その⑥」)

Was it fate... or the force that attracts Stands with similar ability that brought us together...?
People learn a lot more from *failures* than from successes.
Thanks to your ability to change objects into *parts*, I was able to develop my *Golden Wind*.

★thanks to ~: ~のおかげで

「覚悟」とは!!
暗闇の荒野に!!
進むべき道を切り開く事だッ!

(JC55巻「ホワイト・アルバム その⑥」)

A *resolution* is to *carve out a path to move forward* in the dark wilderness*!*

★wilderness: wild(ワイルド)の派生語だが発音は「ウィルdrネス」。

第5部 黄金の風

どんな人間だろうと…
一生のうちには
「浮き沈み」があるものだ
『成功したり』
『失敗したり』………だが…
未来という目の前に………
ポッカリ開いた「落とし穴」を見つけ!
それに落ちる事がなければ
人生は決して『沈む』事がない
『絶頂』のままでいられる
わたしは!
……
そうじゃあないか? え?
(JC56巻「キング・クリムゾンの謎 その③」)

No matter who you are, there are *ups and downs* in your life,and you have "successes" and "failures"... But if you're able to see the *potholes* in the road ahead of you, and not fall into them, your life will never "go down", and you *can stay* "at the top" of your game. That's the way I'm gonna be! What do you say? Huh?

★at the top of (またはon top of) one's game: 絶頂期で・絶好調で

自らを「帝王」と名乗る! ディアボロ

これは「試練」だ
過去に打ち勝てという
「試練」とオレは受けとった
人の成長は……………
未熟な過去に
打ち勝つことだとな…
え? おまえもそうだろう?
J・P（ジャン・ピエール）・ポルナレフ

過去は………
バラバラにしてやっても
石の下から………
…………ミミズのように
はい出てくる……

(JC61巻「そいつの名はディアボロ その②」)

This is a *test*.
I took it as a *test* to overcome my past.
Humans can grow by overcoming their immature past, I should say...
And you think the same, too, right, Jean Pierre?

A past...even if you break it into pieces... would crawl out from under the stone like a worm...

★Jean Pierre：フランス語圏の男性名。他にJean-Paul（ジャン＝ポール）など。「ジャン」より「ジョン」のほうが原音に近いかも?

『我々はみな運命に選ばれた兵士』…
え?
くそ……
だが……
この世がくれた真実もある………
運命はこのオレに
………「時を飛ばし」……………
「予知」ができる能力を…授けてくれた…
間違いない…………
それは明らかな真実だ…
この世の運命は
我が『キング・クリムゾン』を
無敵の頂点に選んだはずなのだ………
オレは『兵士』ではない

(JC63巻「王の中の王（キング・オブ・キングス）」)

“We are all soldiers chosen by fate.”
Huh?
Bloody hell...
But there’s also a truth that this world gave me...
I was given the ability by fate to *make time vanish* and to *foresee* the future.
That’s for sure...
This is a clear truth…
My “Emperor Crimson” was supposed to be appointed by fate as the most invincible...
I ain’t no damn “soldier.”

★I ain’t no ~：ain’tはam notの略。「私は～でない」を意味する二重否定のスラング（よって文法的にはNG）。

ディアボロ	ブチャラティは死んだ…… アバッキオも…ナランチャも…	Bucciarati is dead... So are Abbacchio and Narancia...
ジョルノ	しかし彼らの行動や意志は 滅んでいない……… 彼らがこの「矢」を ぼくに手渡してくれたんだ	But their actions and will have not perished... They are the ones who brought me this *arrow.*
	そしておまえの行動が 真実から出たものなのか…… ……… それともうわっ面だけの 邪悪から出たものなのか? それはこれからわかる	As to whether your actions come from truth, or from a superficial evil mind... We'll find that out soon.
	あんたははたして滅びずに いられるのかな? ボス……	*Do you think you can get away from the downfall, Boss*?

与えんッ

CLIMAX!!

ディアボロ　このディアボロはいつだって
危機を乗り越えて来た
「帝王」なのだッ!
いい気になって知った風な口を
きいてんじゃあないぞッ!!
ジョルノ・ジョバァーナおまえには死んだ
ことを後悔する時間をも…与えんッ!!
『キング・クリムゾン』!!

(JC63巻「ゴールド・E・レクイエム その①」)

I, Diavolo, have always
survived crises.
I am the *King!*
Don't flatter yourself and try to
preach me, Giorno Giovanna*!!*
I'm not gonna give you even the
time to regret your own death*!!*
"Emperor Crimson"*!!*

発動!

ゴールド・E・レクイエム

第6部 ストーンオーシャン

やれやれだわ…グェス
あんた
何にでも名前はあるって言ったわよね
あたしも名前を付けるわ
「ストーン・フリー」
あたしは…この「石の海」から
自由になる…
聞こえた？
『ストーン・フリー』よ……これが名前

（SO2巻「ストーン・フリー その②」）

My goodness... You said everything has a name, Gwess, so I'm giving it a name, too. *Stone Ocean*. I'll set myself free from this *ocean of stones*. Did you hear me? It's "Stone Ocean." That's her name.

★(oh) my goodness:oh my Godの発音に似せた婉曲表現でoh my goshという言い方も。意味は「なんてことだ」「おやまあ」など言い方によってさまざま。

運命を切り開く！

空条徐倫（くうじょうジョリーン）

この場所であってはならないのは………
『精神力』の消耗だ………
くだらないストレス！
それに伴う『体力』へのダメージ……!!
…
あたしはこの『厳正懲罰隔離房（ウルトラセキュリティハウスユニット）』で!!
『やるべき目的』があるッ！
必ずやりとげてやる……
そのためには……
くだらない消耗があってはならないッ！
いや……逆にもっと強くなってやるッ！
（SO7巻「ウルトラセキュリティ懲罰房」）

What I'm not supposed to do here... is to waste my "mental power" and to endure unnecessary stress resulting in "body damage"!
In this "Ultra Security House Unit," I have a "mission to accomplish "!
I'll accomplish it whatever it takes, and to do so, I can't waste myself for silly things!
No... I'd rather become even stronger!

★ultra：発音は「ウルトラ」でなく「アルトラ」。

『ひとりの囚人は壁を見ていた』……
『もうひとりの囚人
は鉄格子からのぞく星を見ていた』
あたしはどっちだ?
あそこに「骨」がある
ホワイトスネイクに近づくためなら
何だってやるぞ…
ドブ水だってすすってやるし
誰よりも強くなる…
もちろんあたしは星を見るわ…
父に会うまで……
星の光をみていたい
（SO8巻「看守ウエストウッドの秘密 その⑥」）

"One prisoner sees the wall"...... and "another prisoner sees the stars through the iron bars."
......
Which one am I?
I see the *bone* right there.
I'll do anything to get close to Pale Snake...
I'd even drink dirty ditchwater for that. I'll become stronger than anyone else...
Of course, I'll see the stars...
Until I see my dad...
I want to keep on watching the starlight.

★keep on 動詞ing：～し続ける

第6部 ストーンオーシャン

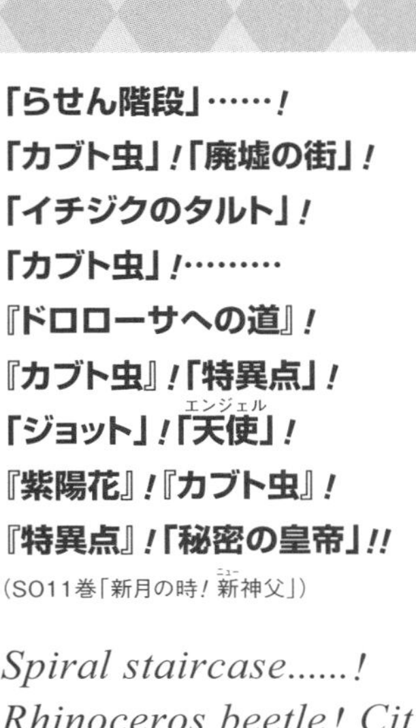

「らせん階段」……！
「カブト虫」！「廃墟の街」！
「イチジクのタルト」！
「カブト虫」！………
『ドロローサへの道』！
『カブト虫』！「特異点」！
「ジョット」！「天使（エンジェル）」！
『紫陽花』！『カブト虫』！
『特異点』！「秘密の皇帝」！！
（SO11巻「新月の時！新神父（ニュー）」）

Spiral staircase......! Rhinoceros beetle! City in ruins! Fig tart! Rhinoceros beetle! ....“Via Dolorosa”*!* “Rhinoceros beetle”*! Singular point! Giotto! Angel!* “Hydrangea”*!* “Rhinoceros beetle”*!* “Singular point”*! Secret emperor!!*

★Via Dolorosa：イエス・キリストが十字架を背負って歩いた「苦難の道」を意味するラテン語。

求めたものは「天国へ行く方法」！ エンリコ・プッチ

人といつ出会い… そして別れるか? 戦争がいつ起こり 時代がいつ変わるのか? 自分が誰を恋し誰を憎むのか? 自分はいつ子供を産み 子はどんな成長をするのか? 誰が犯罪を犯し 誰が発明や芸術を生むのか? 頭脳や肉体ではなく精神が それを 体験して覚えて知っているのだ! そしてそれこそ『幸福』であるッ! 独りではなく全員が 未来を「覚悟」できるからだッ! 「覚悟した者」は「幸福」であるッ! 悪い出来事の未来も知る事は 「絶望」と思うだろうが逆だッ! 明日「死ぬ」とわかっていても 「覚悟」があるから幸福なんだ! 「覚悟」は「絶望」を 吹き飛ばすからだッ! 人類はこれで変わるッ! これが わたしの求めたものッ! 『メイド・イン・ヘブン』だッ! (SO17巻「メイド・イン・ヘブン その⑨」)	When will one meet another, and when will they split up? When will a war break out, and when will times change? Who will you fall in love with or have hatred for? When will one bear a child, and how will he or she grow up? Who will commit crimes and who will create inventions or works of art? The spirit, not the brain or the body, remembers these from past experiences! And that is what is called "happiness"! It's because everyone, not just one person, can be *prepared!* *The ones who are prepared* are *happy!* People think that knowing something bad about the future is to *despair*, but it's the opposite! You can be happy even if you know you're gonna *die* tomorrow because you are *prepared!* It's because *preparedness* can blow away *despair!* Mankind will change with this! This is what I've longed for! It's "Maiden Heaven"!

第6部 ストーンオーシャン

迫りくる その

プッチ　**出て来いッ！空条徐倫**
おまえが逃れられない
事は変わりないのだッ！
なんだそれは…………
…………

なんだ？
その心臓のあるべき
胸の形は!?

Come out, Jolyne Cujoh!
The situation hasn't changed where you can't get away from this!
What is that...?
What's that thing in your chest where your heart should be?!

『天国の時』!
『運命』に抗え!

CLIMAX!!

ストーン・フリィー

徐倫 ストーン・フリィー

Stone Ocean.

プッチ 『メビウスの輪』……か…
おまえの作っているものは………!!

A "Möbius loop"...
That's what you created...?

「表」があるから「裏」返る……
………
裏も表もなければ裏返りはしない……
裏も表もない「無限の輪」!
「糸」でなら作れる………
(SO16巻「C-MOON その⑥」)

When things have a *front* side, there is always a *reverse* side.
....
If there is no front or back, you can't reverse it.
An *infinite loop* with no front or back*!*
With her *thread*, it can be made...

★Möbius loop:メビウスの「帯(strip/band)」ともいう。oの上についた二つの点はドイツ語などにみられる「ウムラウト」と呼ばれる発音区別符号。

第7部

スティール・ボール・ラン

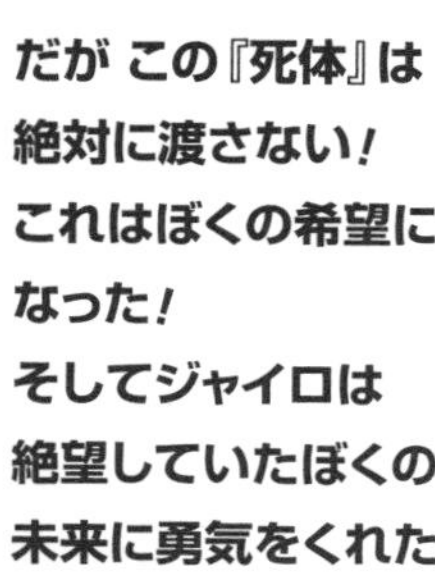

だが この『死体』は
絶対に渡さない!
これはぼくの希望に
なった!
そしてジャイロは
絶望していたぼくの
未来に勇気をくれた

(SBR5巻「牙(タスク) その②」)

But I'm not gonna let them take this "body"! This has given me hope! And Gyro gave me the courage when I have given up hope to move toward the future.

★toward(米語)とtowards(英語)、スペルはどちらでもOK。

再び歩き始めるために…!

ジョニィ・ジョースター

「飢えなきゃ」勝てない
ただしあんなDioなんかより
ずっとずっともっと気高く
「飢え」なくては!

(SBR7巻「3rd.STAGE ゴール.キャノン・シティ」)

You have to be *hungry* to win.
But you gotta be nobler and far *hungrier* than someone like DIO!

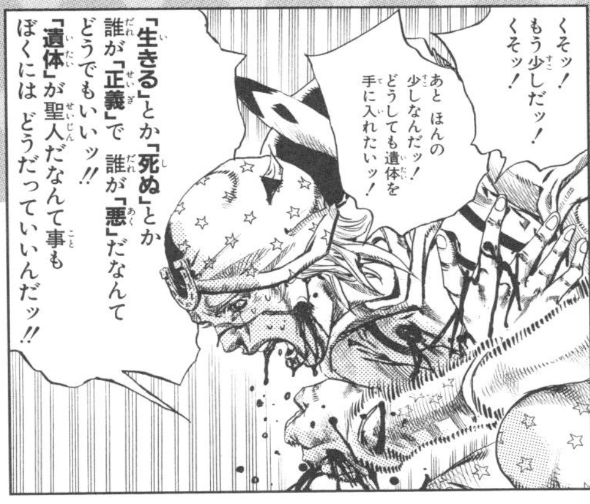

くそッ! もう少しだッ! くそッ!
あと ほんの少しなんだッ!
どうしても遺体を手に入れたいッ!
「生きる」とか「死ぬ」とか誰が「正義」で
誰が「悪」だなんてどうでもいいッ!!
「遺体」が聖人だなんて事もぼくには
どうだっていいんだッ!!

ぼくはまだ「マイナス」なんだッ!
「ゼロ」に向かって行きたいッ!
「遺体」を手に入れて自分の「マイナス」を
「ゼロ」に戻したいだけだッ!!

(SBR18巻「涙の乗車券(チケット・ウ・ライド) その②」)

Shit! I'm almost there, dammit!
I just need one last push!
I really wanna get that body!
I don't care about *living* or *dying*, or who's *good* and who's *bad!*
I don't give a damn whether the *body* belongs to a saint or whoever!

I'm still stuck on *minus!*
I want to move toward *zero* and go from *minus* back to *zero!*

★I don't give a damn:I don't care(気にしない)と同じ意味のスラング。

第7部
スティール・ボール・ラン
オレは一族を誇りに
してるし父の『跡を継ぐ!』
この仕事はオレの「宿命」だ
それは何も変わらない…
昔からも これからも
だが オレは
納得したいだけだッ!
（SBR4巻「ジャイロ・ツェペリの宿命 その②」）
I am proud of the Zeppeli clan and I will “follow in my father’s footsteps*!*” I am *destined* for this duty, and that’s not gonna change... It never has, and it never will.
But all I want is to understand it*!*
★clan: 一族
だが オレは
納得したい
だけだッ!
進むために
「納得」したい!
ジャイロ・ツェペリ

オレは「納得」したいだけだ
マルコが本当に
処刑されなくては
ならないのか!?
ジョニィが見つけたがってる
「遺体」とは何者なのか?
「納得」は全てに
優先するぜッ!!
でないとオレは「前」へ
進めねえッ!
「どこへ」も!
「未来」への道も!
探す事は出来ねえッ!!
だから この
スティール・ボール・ラン・
レースに参加したッ!
(SBR8巻「男の世界 その③」)

I just need to *understand* it.
Does Marco really need to be executed?!
Who is that *body* Johnny is chasing after?
Understanding is a top priority above anything!
Otherwise, I can't move *forward*!
I can't find my way *anywhere*!
Not even the way to the *future*!
That's why I joined this Steel Ball Run race!

だから この
スティール・ボール・
ラン・レースに
参加したッ!
見えたぞッ!
見えて来た!
父上!

★execute:ここでは「死刑にする・処刑する」の意味だが、計画などを「実行・遂行する」などの意味もある。

オレはこのSBR(スティール・ボール・ラン)レースで
いつも最短の近道を試みたが
『一番の近道は遠回りだった』
『遠回りこそが俺の最短の道だった』
(SBR21巻「ボール・ブレイカー その②」)

I've always tried the best shortcut during this Steel Ball Run race, but I was wrong.
"The detour was the best shortcut."
"My shortcut was to choose the long way round."

誰かが最初に右の
ナプキンを取ったら
全員が「右」を
取らざるを得ない
もし左なら全員が
左側のナプキンだ
そうせざるを得ない
これが「社会」だ……………
土地の値段は一体
誰が最初に決めている?
お金の価値を最初に
決めている者がいるはずだ
それは誰だ?
列車のレールのサイズや
電気の規格は?
そして法令や法律は?
一体 誰が最初に
決めている?
民主主義だから
みんなで決めてるか?
それとも自由競争か?
違うッ!!
ナプキンを取れる者が
決めている!

If someone picks up the napkin on their right, the rest *would have no choice but to take* the ones on their *right*.
If someone takes the one on their left, the rest *would have to take* the ones on their left side.
That's what a *society* is.
Who determines the price of a piece of land first?
There must have been someone who first determined the value of money.
Who did that?
What about the size of railway tracks, or the standard of electricity?
What about laws and regulations?
Who decided all these things first?
Did they go for a vote under democracy?
Or, could it have been free competition?
No!
It was *the one who first grabbed the napkin* that determined the rules!

ファニー・

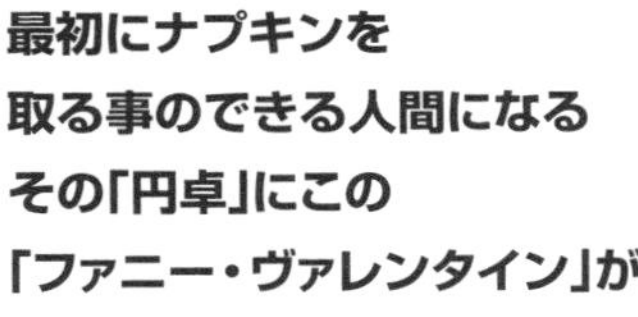

最初にナプキンを
取る事のできる人間になる
その「円卓」にこの
「ファニー・ヴァレンタイン」が
座る事になるのだ

（SBR16巻「ボース・サイド・ナウ その②」）

I'll be the one who is qualified to take the napkin first.
I, *Funny Valentine*, will be sitting at that *roundtable* as a host.

我が心と行動に
一点の曇りなし…………！
全てが『正義』だ

（SBR23巻「ブレイク・マイ・ハート ブレイク・ユア・ハート その②」）

There is not a single black mark on my heart or my actions*!*
"Justice" is all.

信じるのは自らの「正義」のみ！

ヴァレンタイン

ジョニィ　その前に…………
その「銃」は…………
『あんたの銃』だ…
異次元からこの世界へ
戻って来る時
体のどこかに隠して
持って来て
さっきジャイロを撃って……
……
「とどめを刺した銃」………
……
そういう事も
出来る『銃』だった
そしてさっき捨てた『銃』
その時 弾丸は全て
撃ち尽くしたから 今…
弾倉は空だ……
一発も残っていない

Before that...
That *gun*... is "yours"... It's the gun you've brought in, hiding it somewhere on your body when you came back to this world from another dimension, and you just shot Gyro with it...
It's the *gun that finished him off*...
It's the "gun" that could do something like that.
It's the "gun" you threw away a short while ago.
You fired all the bullets when you shot him, so now...the chamber is empty... There's not a single bullet inside.

★the chamber（薬室）is empty: この場合、回転式のリボルバーなのでthe cylinder（シリンダ）is emptyともいえる。

ジョニィ **その『銃』を試しに拾ってみろ**

ヴァレンタイン **………**
………
………

（SBR23巻「ブレイク・マイ・ハート ブレイク・ユア・ハート その②」）

Try picking up that "gun."

………
………
………

BONUS 1 ジョジョの奇妙な発音強化トレーニング

スタンド名のシャウティング

シャウティング **Shouting**（大きな声で唱えること）は通常の音量で行う音読や暗唱などよりも負荷が大きい分、効果も高い。**114～115** ページのスタンド名をキャラになりきってシャウト!「ザ・ワールド」は **Za Warudo** のようなカタカナ発音ではなく、しっかり英語寄りの発音で言うよう意識しよう。ここには掲載していないが、セッコの「オアシス」（第5部『黄金の風』）や田最環の「ビタミンC」など、実際の英語とは発音が異なる外来語スタンド名もあるので注意が必要だ（それぞれ近い発音は「オエイシス」「ヴァイタミンC」）。

スタンド名でスペリング・ビー

スペリング・ビー **Spelling Bee** とは英単語のスペリング力を競うゲームで、たとえば **Star Platinum** は「エス・ティ・エイ・アール・ピー・エル・エイ…」のようにアルファベットで唱える。ここでの練習の目的はスタンド名のつづりを暗記することではないため、スペリングを見ながらでいいのでアルファベットを「すらすら」読み上げられるまで練習しよう。一見あまり意味のない練習のようにみえるが、アルファベットを続けて読むことで起こる音の連結（リエゾン・リンキング）による音の変化パターン（上記下線部「エル・エイ」は「エレイ」に変わる）を自然に体得できるはずだ。尚、スペースやアポストロフィなどは無視してかまわない。

オラオラッシュでL／R発音トレーニング

多くの英語学習者にとって苦手とされる「**L**」と「**R**」の発音だが、「**L**」は「ラ・リ・ル・レ・ロ」に近い発音、「**R**」の発音はディオの**WRYYY!**（ウリイイイ!）のイメージ、ラ行の前に「**W**(≒ウ)」の音を入れた「**w**ラ・**w**リ・**w**ル・**w**レ・**w**ロ」だ。これを意識した上で下の3パターンでそれぞれ息継ぎなしの**10**秒オラオラッシュ(×3セット)にチャレンジしてみよう!

**ORA ORA ORA ORA ORA ORA ORA
ORA ORA ORA ORA ORA ORA...**

**OLA OLA OLA OLA OLA OLA OLA
OLA OLA OLA OLA OLA OLA OLA...**

互に

**ORA OLA ORA OLA ORA OLA ORA
OLA ORA OLA ORA OLA ORA...**

他パターンでもトライしてみよう!
ARI ／ ALI (arrivederci なので正しくは ari)
VORA ／ VOLA (vola(re) via なので正しくは vola)
RERO ／ RELO ／ LELO ／ LERO
RERA ／ RELA ／ LELA ／ LERA (mozzaRELLA なので正しくは rel(l)a)

グレートな効果を得るための練習ヒント

継続は力なり。楽しく練習を続ける方法の一つは練習仲間を作ることだ。もちろんジョジョ好きの。スタンド名の**シャウティング**や**スペリング・ビー**なら交互に言い合う。**オラオラッシュ**なら **ORA ／ OLA** と書いた2枚のカードを並べて、一方がランダムにカードを指差し、もう一方がその動きに合わせて **ORA ／ OLA** 発音を切り替える**〈オラオラッシュ&交代〉**など。勝負方式にすれば、効果はさらにアップ! 交互に行うスペリング・ビーの場合、タイマーを1分にセットして（時間表示は隠す）、時間切れのタイマー音が鳴った時点で最後まで言い終えられていないほうが負け、などのルールを定めれば、真剣度もアップするはずだ。ちなみにオラオラッシュは**15**秒交代くらいが限界かも?

英語で言うぞッ!!
［タイトル&サブタイトル編］

このコラムでは、各部サブタイトルの公式英語表記とカタカナ&アルファベット混合の発音方法を紹介ッ！　これらのサブタイトルはもちろん原作の荒木飛呂彦先生自らが命名したものだ。

各部のサブタイトルを英語にすると…

第1部　ファントムブラッド

Part 1—Phantom Blood

【ファンtム・ブラッd】

第2部　戦闘潮流

Part 2—Battle Tendency

【バァtル・テンdンスィ】

第3部　スターダストクルセイダース

Part 3—Stardust Crusaders

【スタァrダスt・クrゥセイdrズ】

第4部　ダイヤモンドは砕けない

Part 4—Diamond Is Unbreakable

【ダイムンd・イズ・アンブrエイカボゥ】

第5部　黄金の風

Part 5—Golden Wind

【ゴォルデン・ウィンd】

d/tはカタカナ（ド/ト）読みだとどうしても入ってしまう余計な母音（o・オ）を入れずに発音。たとえばStandは「スタンド（do）」でなく「スタンd」。発音のコツは「スタンdッ!」と最後に音を「キュッと止める」イメージだ。rの発音については111ページにも書いたが…どうやってもカタカナでは表記できないッ!

第6部　ストーンオーシャン

Part 6—Stone Ocean

【ストウン・オウシュン】

第7部　スティール・ボール・ラン

Part 7—STEEL BALL RUN

【スティール・ボオル・rアン】

第8部　ジョジョリオン

Part 8—JoJolion

【ジョジョウリオン】

第9部　ザ・ジョジョランズ

Part 9—The JOJOLands

【ザ・ジョウジョウランズ】

ちなみに
『ジョジョの奇妙な冒険』の
英文表記はおなじみのこれ!!

JoJo's Bizarre Adventure

【ジョウジョウズ・ビィザァr・アdヴェンチュr】

英語で言うぞッ!!
［スタンド編］

第3部から登場した「スタンド能力」!!　ここでは歴代主人公&強敵たちが持っているスタンド名の公式英語表記とカタカナ&アルファベット混合の発音方法を紹介するぞ!

第3部　スターダストクルセイダース

スタープラチナ（本体／空条承太郎）
Star Platinum
【スタァr・プラtヌム】

ザ・ワールド（本体／DIO）
The World
【ザ・ウrルd】

第4部　ダイヤモンドは砕けない

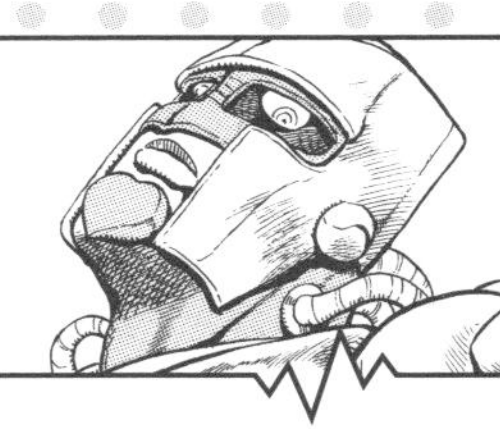

クレイジー・ダイヤモンド（本体／東方仗助）
Shining Diamond
【シャイニング・ダイムンd】

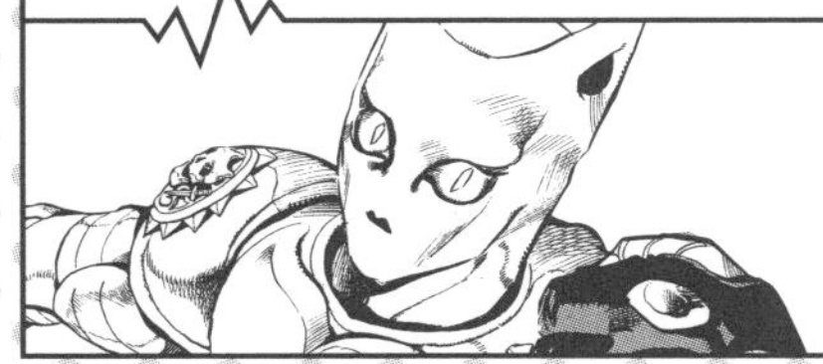

キラークイーン（本体／吉良吉影）
Deadly Queen
【デッdリィ・クイーンヌ】

第5部　黄金の風

ゴールド・エクスペリエンス（本体／ジョルノ・ジョヴァーナ）
Golden Wind
【ゴォルデン・ウィンd】

キング・クリムゾン（本体／ディアボロ）
Emperor Crimson
【エンプrr・クrィムズン】

第6部　ストーンオーシャン

ストーン・フリー（本体／空条徐倫）

Stone Ocean

【ストウン・オウシュン】

ホワイトスネイク（本体／エンリコ・プッチ）

Pale Snake

【ペイル・スネイク】

第7部　スティール・ボール・ラン

タスク（本体／ジョニィ・ジョースター）

Tusk

【タスク】

ボール・ブレイカー（本体／ジャイロ・ツェペリ）

Ball Breaker

【ボオル・ブレイクr】

D4C（本体／ファニー・ヴァレンタイン）

Dirty Deeds Done Dirt Cheap (D4C)

【drティ・ディーズ・ダン・drt・チィプ（ディー・フォr・シィ）】

第8部　ジョジョリオン

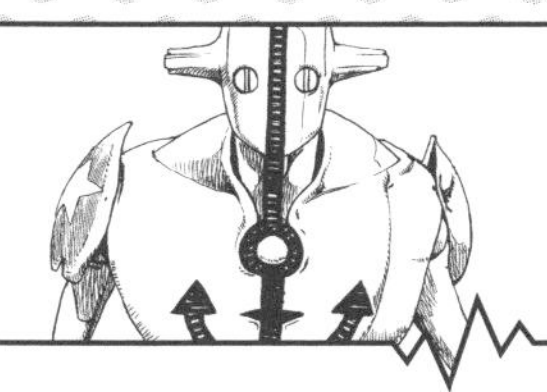

ソフト&ウェット（本体／東方定助）

Soft & Wet

【ソフt・アンd・ウェッt】

ワンダー・オブ・U（本体／透龍）

Wonder of U

【ワンdr・オヴ・ユウ】

第9部　ザ・ジョジョランズ

ノーヴェンバー・レイン（本体／ジョディオ・ジョースター）

November Rain

【ノヴェンブr・rェイン】

姿・形はあるが
目には見えない力(パワー)

名付けて『**スタンド**』

それは　いつでも　どこの場所でも存在しているが
見ようとしない人が見ないだけである

――どこかの漫画家――

The JOJOLands 1巻「出発（DEPARTURE）」

Invisible powers that have form and shapes.

They are called *Stands*.

They exist at all times and all places;
it's just that they appear invisible for those
who do not try to see them.

—A manga artist somewhere in this world—

EXTRA!

第9部
「The JOJOLands」
CHARACTERS

ウルトラジャンプ2023年３月号から連載がスタートした
第９部「The JOJOLands（ザ・ジョジョランズ）」。
南国の楽園・ハワイで大富豪を目指す主人公ジョディオ・ジョースターと、
彼を取り巻く人々を、個性豊かなセリフとあわせて紹介していく。
もちろん英語訳もあるぞ。

ジョディオ・ジョースター
Jodio Joestar

ハワイ・オアフ島に暮らす少年。大富豪になることを夢見ており、そのヒントは目に見えない“仕組み”にあると考える。スタンド能力は「11月の雨（ノーヴェンバー・レイン）」。

スタンド　11月の雨

『これは亜熱帯の島々でひとりの少年が
大富豪になっていく物語』
まだ謙虚さが足りないだろうか…？
…いや……
オレが必ず手にするね

"This is a story of a boy becoming a man of great wealth in the subtropical islands."
Am I still lacking in humility?
No...
I'm dead sure I'll get it.

The JOJOLands 1巻「出発（DEPARTURE）」

The JOJOLands 1巻「出発（DEPARTURE）」

学校に行くのは
「仕組み（メカニズム）」
の為かな

I'd say it's because of the ***mechanism*** that I go to school.

こいつらに何かひと事 言って
やりたかったが
余計な事は言わない方がいい
どうせ言ってみたところで…
見えないやつはいつまでも見ない

The JOJOLands 1巻「サウス・キング・ストリート」

I wanted to give them a piece of my mind, but I'd better keep my mouth shut.
Even if I did,
those who can't see it *will never see it anyway.*

ドラゴナ・ジョースター

Dragona Joestar

ジョディオの兄。
女の子のファッションが大好きで
ブティックで働いている。
スタンド能力は
「スムース・オペレイターズ」。

The JOJOLands1巻「出発（DEPARTURE）」

パコォ〜〜〜聞こえる?
耳がグルッと
頭を一周する前に
サッサと戻しな!
あたしの店のお客さんに

Paco, do you hear me?
Give that back to the
customer in my shop before
I wrap your ear
around your head!

The JOJOLands1巻
「ハワイ島の別荘 その②」

違うよ…気の毒に思っている
あんたを縛らなくては
ならなくなった
プールサイドで寛いでる
だけで良かったのに

You're wrong...
I feel sorry for you.
I'm afraid we have to
tie you up.
You should have
just relaxed by the
pool, you know.

パコ・ラブランテス
Paco Laburantes

鍛え上げられた肉体を持つ青年。盗みが大好きで、ゲーム感覚で他人の物を掏る。
スタンド能力は筋肉を自在に操る「THEハッスル」。

The JOJOLands1巻「出発（ディパーチャー）（DEPARTURE）」

ドラゴナァァ〜〜〜〜っ
裏通りにジムがあるぜェ〜〜〜ッ
行きますかぁ〜〜〜〜〜

Dragonaaaaa
There's a gym on the back street.
Wanna come along with meeeee?

The JOJOLands1巻「ハワイ島の別荘 その②」

動くなっつってんだ!!　こらァッ!!
さもなくばバイオレンスしかなくなるぜッ!

I said, Don't move!!
Hey!!
Otherwise I'll just have to get violent on you!

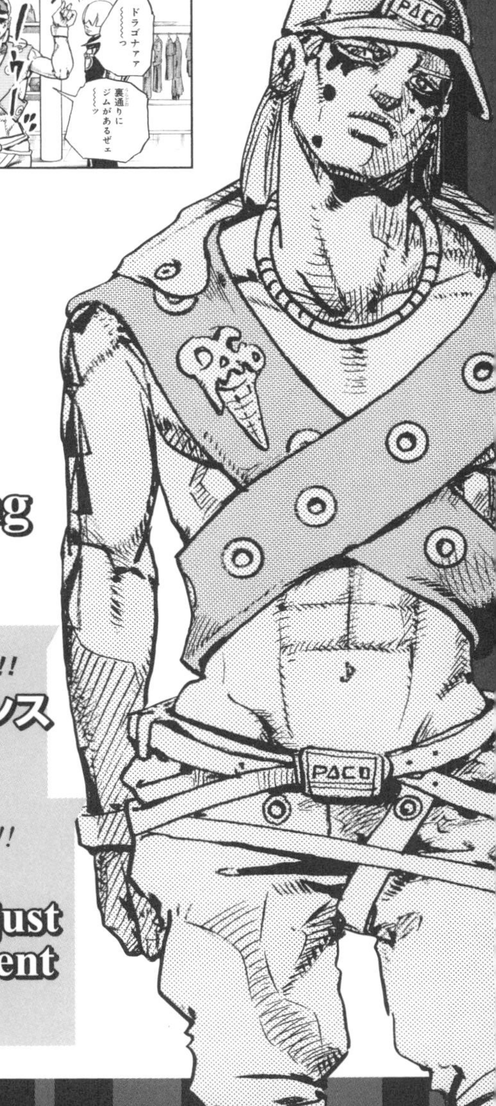

ウサギ・アロハオエ
Usagi Alohaoe

突如チームに加入した全身タイツの青年。
スタンド能力は、周囲に在るもので誰かが望むものに変身する「THE MATTEKUDASAI（ザ・マッテクダサイ）」。

The JOJOLands 1巻
「サウス・キング・ストリート」

まいったなあ〜〜〜〜まいったぁ！
整備の点検とかで（飛行機）一本
遅れちゃったよォオ〜〜〜〜〜〜〜

Hey, sorry guys.

Damn. Shit happens, you know!
I missed (my flight) due to the maintenance check and stuff, man.

The JOJOLands 1巻「サウス・キング・ストリート」

じゃあこういう時は色（カラー）で呼び合おう
君の事ピンクって呼ぶよォ

ピンクちゃん
オレはブルーだよ♪

Then, we can call each other by colors.
I'm gonna call you pink.

My pink, I'm your blue♪

メリル・メイ・チー
Meryl Mei Qi

ジョディオが通う学校の校長先生で、副業にブティックを営むスーパーウーマン。
その裏の顔は、ジョディオたちを指揮するチームの"ボス"。

皆様 誠にすみません〜
店内に居られるお客様方ァ〜〜〜〜
勝手ながら本日はもう閉店ですぅ〜〜〜
お時間が早目で本当に申し訳ございませんンン

Excuse me, everyone.
May I have the attention of all our customers in this shop, please? We are terribly sorry to trouble you, but we will close the shop now for today. I know it's a little early, and we are so sorry about this.

The JOJOLands1巻「出発(DEPARTURE)」

he JOJOLands1巻「出発(DEPARTURE)」

行ってくれますか？
それともやめますか？

Are you in?
Or are you out?

岸辺露伴
Rohan Kishibe

世界的に有名な日本人の漫画家。別荘のあるハワイに来ていたところ、ジョディオたちと遭遇する。スタンドは相手の情報を読むことができる「ヘブンズ・ドアー」。

この『ダイヤモンド』について
何を知っている?
**『どこまで知ってて
ここへ来た?』**

What do you know
about this “diamond”?
**“With how much
knowledge did yo
come here?”**

The JOJOLands 1巻「ハワイ島の別荘 その②」

どれどれェ…
なるほど…単なる空巣か……
君たちの目的は…

**Now, let me
have a look...**
I see...You guys are just
burglars...
That’s what your aim is...

The JOJOLands 1巻
「ハワイ島の別荘 その②

Other Characters

警官／アメリカ麻薬取締局員／バーバラ・アン

両手を頭の上で組めェェェェ
頭の上だァ――――――――――――――ッ
両手を組めェ――ッ

Put your hands on your head!
On your head!
Hold your hands above your head!!

he JOJOLands 1巻「出発（DEPARTURE）」

The JOJOLands 1巻「サウス・キング・ストリート」

正義の人だから証拠の捜査中に
『警察官はウソをついちゃあいけないの』

Because police officers are righteous people,
"police officers are not allowed to lie"
while under investigation for evidence.

信じないッ!!
何かの間違いよッ!!
子供にそんな話を決めつけてッ!
テスト料金返せッ!

The JOJOLands 1巻「サウス・キング・ストリート」

I'm not gonna believe that!!
It's gotta be some mistake!!
How dare you label my child as such nonsense!
I want my money for the test back!

あとがき

マーティ・フリードマン

この「ジョジョ × 英語」シリーズは、『ジョジョの奇妙な冒険』で英語を楽しく学べるだけじゃなくて、英語の上達に非常に効果的です!

パラパラと眺めるだけで、知らないうちに幅広い英語の表現が身につく。ジョジョのストーリーをより深く味わいつつ、教科書に無い単語とセリフをたっぷり習えます。

学校で使う英語の教科書と言えば、文法ルールと興味の無い表現を丸暗記するレッスンが多い気がします。それはそれで良いのですが、僕の経験上、どうせ読むのであれば、内容について本当に興味を持つ物、たとえば好きな漫画など、を読んで勉強するのが、英語学習には最適だと思います。

この本、シリーズ3冊目「『ジョジョの奇妙な冒険』で英語をたっぷり学ぶッ!」の内容を紹介すると、PART1で「ジョジョリオン」の名シーン、名ゼリフの英訳を掲載している! PART2 第1部〜第7部までのクライマックスシーンが英語で楽しめる! さらに、今年連載開始の「ザ・ジョジョランズ」も紹介されている! つまり、これまでのジョジョが全部詰まっている!

ぜひ、自分の好きな登場人物たちになりきって、セリフを何度も声に出して読んで英語をもっと楽しく、たっぷり学んでください。

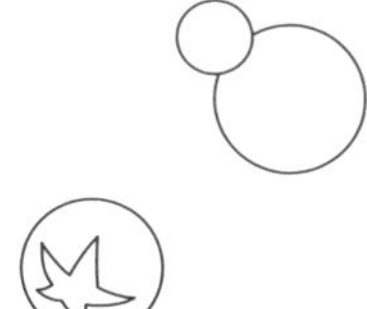

北浦尚彦

英語上達のためにはこれまでしつこいくらいに繰り返してきたとおり、と書けば「おまえの次のセリフは『英訳セリフを繰り返し音読すること』という!」という声が聞こえてきそうだが、やはり英訳セリフを繰り返し音読することはもっともシンプルで効果的な…はッ!

前回、どんなに「日常会話で使わない」と思われがちな英訳セリフも文法というしっかりとした土台の上に成り立っていると書いた。つまり人間をやめると宣言する、記憶を失い自分が何者か相手に問う、などの英訳セリフはたとえば主語や目的語などを変えるだけで普段使いのセリフに早変わりするなどしっかり応用が利く、ということだ。そしてそれらを声に出して練習することは、いざそれを伝えたいときのスピーキングに必ず活きてくるし、何より話し相手に確実にメッセージが伝わるよう、しっかり大きな声を出すために必要な口周りの発声筋を鍛えるトレーニングにもなる。

と、もっともらしいことを書いてはみたものの、実のところ「ジョジョ」のセリフを使った音読練習の最大のメリットは、それを声に出すのは

超ッ!超ッ!超気持ちイイィ――――ッ名言だものォォォォォ―――ッ

上達のために必要な練習の継続を可能にしてくれる「楽しい」要素があることに尽きるのではないだろうか。楽しければ続けられる、そして続ければ必ず上達する!　英語を話せるようになる!

ぜひしっかり音読練習を繰り返し行って、今の自分の英語レベルをさらなる高みへ、Let’s Go★Beyond（超えて行こう）!

Special thanks go to Mr. Shibuki Fumiyama, editor @ ULTRA JUMP for the advice and guidance, Mr. Katsuhiko Kaito, the original planner of this series, for bringing me into this exciting project.

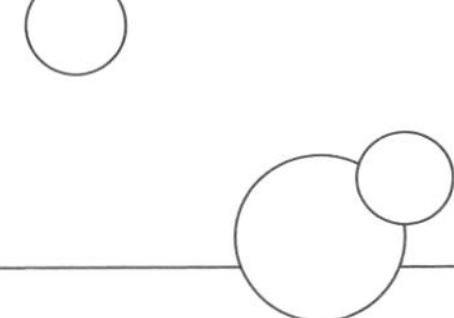

荒木飛呂彦

1960年6月7日宮城県生まれ。1980年、「週刊少年ジャンプ」(集英社)にて『武装ポーカー』でデビュー。
その後、『バオー来訪者』を経て、1986年『ジョジョの奇妙な冒険』連載開始。
2023年より第9部に相当する『The JOJOLands』(ザ・ジョジョランズ)を「ウルトラジャンプ」にて連載中。

マーティ・フリードマン

アメリカ・ワシントンD.C.出身。1990年にMEGADETHに加入。後に全世界で1300万枚以上のアルバムセールスを誇るメガバンドへ導き、世界中に熱狂的なファンを持つギタリストとなる。MEGADETH脱退後、2004年に活動の拠点をアメリカから日本・東京へと移す。
現在、ギタリスト・作曲家・プロデューサーだけに留まらず、テレビ・ラジオ・CM・映画など様々な角度でマルチアーティストとして活動している。
2016年に文化庁より日本遺産大使に任命された。

北浦尚彦

1972年東京生まれ。上智大学外国語学部卒。英語講師、国際コンベンションコーディネーターなどを経て、
現在は外国政府系の貿易関係機関に勤務する傍ら英語学習書の執筆などを行う。訳書「『ジョジョの奇妙な冒険』で英語を学ぶッ!」、「『ジョジョの奇妙な冒険』で英語をもっと学ぶッ!!」、「『呪術廻戦』で英語を学ぶ!」(集英社)など。

『ジョジョの奇妙な冒険』で英語をたっぷり学ぶッ!

2023年11月29日 第1刷発行

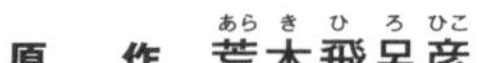

原　作　荒木飛呂彦

監　修　マーティ・フリードマン

訳・文　北浦尚彦

発行者　樋口尚也

発行所　株式会社　集英社

〒101-8050 東京都千代田区一ツ橋2丁目5番10号
電話　03(3230)6141[編集部]
03(3230)6080[読者係]
03(3230)6393[販売部・書店専用]

印　刷　TOPPAN株式会社

製本所　株式会社ブックアート

定価はカバーに表示してあります。

ISBN 978-4-08-781737-9 C0095